세상을 물들이는 멋진 아침

세상을 물들이는 멋진 아침

원 허

담앤북스

책을 펴내며

산사에서 사는 일을 잠시 미루고 도심 사찰에서 산 지 벌써 20여 년의 세월이 흘렀습니다. 은사 스님의 뜻을 따라 잠시만 혜원에 머물 생각으로 시작된 인연이었습니다.

산속에서 화두를 참구하며 선승이 될 것을 꿈꾸던 저에게 도심 사찰에서의 생활은 수없이 걸망을 꾸려야 했던 고단하고 불편한 자리였습니다. 하지만 언제나 떠날 준비를 하면서 매일 아침 창문을 열며 새기던 『벽암록』의 '오늘 하루하루를 이 삶의 전부로 느끼며 살아야 한다.'는 말씀이 저의 수행을 조금씩 여물게 했습니다.

계의 정신이 살아 있어야 어지러운 세상에서 불교의 바른 가르침을 전할 수 있다는 것을 알기에 그동안 수행자로서 흐트러진 모습을 보이지 않기 위해 노력했습니다. 그 시간은 또한 진정한 행복과 자유는 밖이 아닌 안에서 찾아야 한다는 교훈을 가슴으로 느낀 시간들이었습니다.

많은 분들이 아침을 여는 첫 순간에 부처님 말씀을 접하고 맑고 청정한 삶을 살았으면 좋겠다는 생각으로 소셜 네트워크 서비스(SNS)를 통해 〈원허 스님의 아름다운 세상 만들기〉를 시작했습니다.

밤늦도록 원고를 정리하면서 저 자신도 많은 공부를 하는 계기가 되었습니다. 오래전에 보았던 경전을 다시 들추어 보고, 좋은 글귀를 찾아 글을 맞추어 나가기도 했습니다. 서툰 글이지만 보다 많은 사람들과 소통하고자 한 권의 책으로 엮었습니다.

이 책이 나오기까지 출가 후 오늘날까지 수행에 많은 가르침을 주신 저의 은사이신 쌍계총림 방장 고산 큰스님과 혜원정사의 가족들, 언제나 저에게 힘이 되어 주는 신도님들께 깊이 감사드립니다. 그리고 보잘것없는 글을 다듬고 디자인해 준 담앤북스 출판사 관계자 분들께도 고마움을 전합니다.

오늘 이 한 권의 책이 많은 언어가 소통되는 현 시대에 또 하나의 공해로 남지는 않을지 걱정되기도 하지만 부처님의 말씀이 누군가 상처받은 이에게 위로가 될 것이라는 마음으로 위안을 삼고자 합니다.

2014년 멋진 가을날, 맑은 영혼을 전하는 혜원에서
원 허

목차

밤이 깊을수록
더 빛나는 별

눈부시게 좋은날

저절로 향기로운 삶

함께하면
더 아름다운 세상

밤이 깊을수록
더 빛나는 별

이

순

간

과거에 매달리지 마라.

미래를 원하지도 마라.

과거는 이미 사라졌고 미래는 아직 오지 않았다.

오로지 오늘 해야 할 일에 최선을 다해 땀흘려 노력하라.

그 누구인들 내일 죽음이 있음을 알겠는가.

삶에서 염라대왕과의 계약이란 없는 것.

오직 밤낮으로 끊임없이 노력하라.

『중아함경』

세상을 물들이는 멋진 아침
밤이 깊을수록 더 빛나는 별

우리에게 가장 소중한 것은 바로 오늘 이 순간임을 일깨우는 말씀입니다. 하지만 우리는 온전히 정신을 모으고 지금 이 순간에 얼마나 집중하고 있을까요. 오늘 이 순간 내가 행복하고 만족스럽지 못하다면 정말로 행복이 보장된 미래가 있기나 한 것일까요?

몸은 현재에 있으면서도 마음은 지나간 일에 대한 후회와 아쉬움에 얽매여 있고 아직 오지 않은 미래에 대한 걱정들로 가득합니다. 그래서 진정 소중한 오늘에 최선을 다하지 못하고 있는 것은 아닐까요?

순간순간 최선을 다하며 살아야 합니다. 그러면 지금 내 곁에 있는 사람들, 내가 하는 일상이 얼마나 소중하고 감사한 것인지를 새삼 깨닫게 될 것입니다.

세상을 물들이는 멋진 아침
밤이 깊을수록 더 빛나는 별

잠 못 이루는 밤

내가 살고 있는 이곳은 연일 무더위가 기승을 부리고 있습니다. 어젯밤에는 열대야 때문인지 몇 번이나 잠을 자다가 뒤척였습니다.

잠이 오지 않을 때 억지로 잠을 청하려 하거나 다른 일을 하려고 하지 말고 가만히 앉아 자신을 관조해 보기 바랍니다. 조용한 밤에 가만히 혼자 명상에 젖으면 온 우주가 자신을 위해 움직인다는 것을 느낄 수가 있습니다. 그리고 가끔씩 불어오는 바람이 무척 소중하다는 것도 느낄 수 있습니다.

삶도 이와 같습니다. 큰 행복을 바라기보다 작은 행복을 느낄 때 행복해지는 것입니다.

오늘 밤에는 비가 내린다고 하니 창문을 열고 비 내리는 모습을 보아야겠습니다. 아무런 생각 없이, 그저 비 내리는 모습을 보는 것도 잠 못 이루는 밤에만 느낄 수 있는 정취입니다.

별은 더 빛난다

밤이 깊을수록

선한 일을 행한 사람도
그 결실이 나타나기 전에는 고초를 겪을 수 있는 것.
그러나 인연이 익어 때가 도래하면
마침내 큰 이익과 기쁨을 얻으리라.

악의 씨앗을 심은 자라도
악행의 열매가 채 익기 전에는 즐거움을 누릴 수 있으리라.
그러나 때가 오면
그 과보를 피할 길이 없다.

『법구경』

우리는 가끔 스스로에게 질문합니다.

'왜 어떤 사람은 착하게 살지 않는데도 복을 받고 어떤 사람은 선업을 쌓는데도 힘든 삶을 살아가고 있는 것일까?'

이런 의문의 명쾌한 해답이 앞의 경구에 있습니다.

우리 삶은 고통의 연속입니다.

어제보다 나은 삶이 될 것이라는 확신으로 오늘을 시작하지만 현실은 그렇게 녹록하지 않습니다. 그러나 어둠이 있어야 별을 볼 수 있고 밤이 깊을수록 별은 더욱 빛난다는 것을 생각하고 현실의 고통을 이겨내는 지혜를 길러야 할 것입니다.

인
연

출가하여 수행자가 되는 것이 어찌 작은 일이겠는가.
편함과 한가함을 구해서가 아니고
따뜻이 입고 배불리 먹으려는 것도 아니며
명예와 재물을 구해서도 아니다.
생과 사의 괴로움에서 벗어나자는 것이며
부처님의 지혜를 이으려는 것이고
끝없는 중생을 건지려는 것이다.

『선가귀감』

여름 안거를 맞아 쌍계사에 다녀왔습니다. 출가본사(처음으로 출가하여 승려가 된 절)인 경남 하동 쌍계사를 갈 때마다 늘 긴장되지만 마음은 한없이 편안해집니다. 처음 삭발하고 은사 스님을 만난 곳이라 돌계단 하나하나가 저에게는 의미가 있는, 출가할 때의 마음을 언제나 되새기게 하는 곳입니다.

오래전 바랑 하나 메고 화개 길을 걸어 쌍계사를 향했습니다. 쌍계사를 가야겠다는 목적이 있었던 것은 아닙니다. 전남 순천의 송광사를 가는 도중에 날이 저물어 머문 곳이 화개였고 그것이 인연이 되었습니다.

수행자는 출가할 때의 마음을 늘 잊지 않고 살아야 합니다. 저 또한 그 마음을 잊지 않고 언제나 되새기며 살아가고 있습니다. 진정한 삶을 살아가려는 사람이라면 누구에게나 이러한 마음이 필요할 것입니다.

꼭 세 명의 자녀를 가져라

　법정 스님께서는 생전에 결혼식에서 주례를 서실 때 신랑과 신부에게 숙제를 두 개 내어 주었다고 합니다.

　첫 번째가 한 달에 산문집 두 권과 시집 한 권을 꼭 읽되 서로 바꿔서도 읽으라는 것이었고 두 번째가 쓰레기를 줄이라는 것이었다고 합니다. 아마도 첫 번째 숙제는 부부로서 서로의 생각을 공유하기 위해 필요한 일인 것 같고 두 번째 숙제는 검소하게 살라는 뜻인 것 같습니다.

　저에게도 가끔 예비부부들이 찾아와서 주례를 부탁합니다. 저는 또 하나의 포교라 생각하고 시간과 여건만 맞으면 주례 설 것을 약속하면서 그들에게 숙제를 줍니다.

"꼭 세 명 이상의 자녀를 가져라."

성숙한 사회의 일원이 되기 위해서는 가정 환경이 매우 중요합니다. 사회의 축소판이라고 할 수 있는 가정에 때때로 경쟁하고 때로는 위로가 되어 주는 형제가 있어야 사회에 나아가서 치열한 경쟁도 이겨내고 따스한 마음도 나눌 수 있을 것이기 때문입니다.

더우면 더운 대로 추우면 추운 대로
그 나름의 운치가 있습니다.
팥빙수와 수박을 시원하게 즐길 수 있는 계절,
산천초목이 가장 싱그럽게 빛나는 계절,
바로 우리가 지금 숨 쉬고 있는 여름입니다.

마음을 활짝 열고
행복한 여름을 누리시기 바랍니다.

이웃이 참다운 스승

존경할 만한 것은 존경할 줄 알고
섬길 만한 것은 섬길 줄 알라.
널리 베풀고 두루 사랑하여 연민하는 마음을 가져라.
그러면 천신도 사랑하리라.
항상 착한 사람을 가까이 하고 악한 사람을 멀리하라.

『장아함경』

우리 주위에는 많은 스승이 있습니다. 멀리에도 있고 가까이에도 있습니다. 스승을 찾아 멀리 떠나는 것도 도움이 되겠지만 가끔은 매일 마주치는 이웃이 참다운 스승일 때도 있습니다.

『화엄경』에는 선재 동자가 스승을 찾아 여러 사람들을 만나는 장면이 나옵니다. 그러나 선재 동자가 만난 53선지식은 우리 이웃의 보통 사람입니다.

보살과 수행자, 장자, 상인, 정치가 등 다양한 계층의 사람들이며 어떤 때는 거지도 만납니다. 이는 우리 주위에서 만나는 다양한 사람들이 우리에게 가르침을 주는 참된 스승이라는 뜻입니다.

매일 만나는 사람들 모두 나의 스승이라 생각한다면 지혜도 그만큼 자라날 것입니다.

즐거운 이번 생

언젠가 서점에서 제목이 재미있는 책을 발견했습니다. 『이번 생은 망했다』라는 제목이었는데 책을 보고는 많은 생각을 했습니다.

살아가면서 저에게는 힘든 것이 몇 가지 있습니다. 첫 번째는 노래 부르는 것이요, 두 번째는 글 쓰는 일이며, 마지막으로 악필이라는 것입니다. 그래서 이 모두를 잘하는 사람을 만나면 참으로 부럽습니다.

몇 년 전 토굴에서 수행하고 있을 때 도반 스님이 산속 토굴을 찾아왔습니다. 오랜만에 만나 이런저런 이야기를 나누었는데 주위가 어두워지자 스님께서 내려가야겠다며 시간을 물어보는 것이었습니다. 하지만 토굴에는 시계가 없었습니다.

토굴에 온 이후로 '혼자 사는 곳에서 왜 시간에 얽매이며 살아야 하나'라는 물음이 생겨 시계를 치워 버렸습니다. 수행하다 배고프면 밥 먹고, 잠 오면 자면 되지 혼자 사는 삶에 시간의 흐름이 의미 없다는 생각이 들었기 때문입니다.

몇 년 후 그 도반 스님이 책을 출판하여 제가 있는 곳으로 보내 주었는데 책 속에는 그날 나누었던 이야기가 쓰여 있었습니다. 이렇게도 글이 되는구나 생각하니 신기하기도 하고 부럽기도 했습니다.

첫 번째 노래를 잘 부르는 것은 이제 포기했고, 두 번째 글 쓰는 일은 소셜 네트워크 서비스(SNS)의 공간인 밴드 <원허 스님의 아름다운 세상 만들기>를 통해 아침마다 즐거움을 누리니 더 이상 바랄 것이 없습니다. 그리고 요즘은 컴퓨터 자판이 글쓰기를 대신해 주니 악필 또한 걱정할 것 없습니다. 그래서 이번 생이 즐거워졌습니다.

온전한 휴식

사시예불을 마치고 바깥 업무차 잠시 산문(山門)을 나갔더니 도로가 한적했습니다. 많은 분들이 휴가를 떠난 것 같았습니다. 바쁜 일상의 삶을 뒤로하고 휴식을 취하는 모습을 보면서 문득 휴식이란 무엇인가 생각해 보았습니다.

저는 쉴 때 텔레비전을 잘 보지 않습니다. 많은 분들이 정보를 얻을 수 있는 텔레비전을 보지 않는 것에 대해 놀라워합니다. 하지만 저는 이 생활이 익숙해서 전혀 불편하지 않습니다. 텔레비전에 시간을 빼앗기지 않아 오히려 더 여유로운 시간을 보낼 수 있습니다.

온전한 휴식이란 몸과 마음을 가장 편안한 상태로 유지하는 것입니다. 어떤 것에 끊임없이 집착한다고 마음을 빼앗긴다면 진정한 휴식이라 할 수 없을 것입니다.

아름다운 메아리

아름다운 빛깔과 은은한 향기를 풍기는 꽃이 있듯이
언제나 실천이 뒤따르는 사람의 말은
그 메아리가 조용히 멀리 울려 퍼진다.

『법구경』

세상을 물들이는 멋진 아침
밤이 깊을수록 더 빛나는 별

여름이 한창인 도량은 만개한 꽃들로 그야말로 화엄세계입니다. 백일홍, 능소화, 수련 등이 저마다의 자태를 뽐내고 있습니다. 예불을 올리고 아침을 함께하는 이들이 있어 이 여름 아침이 언제나 새롭습니다.

말 한마디가 꽃이 되고, 화살이 됩니다. 우리가 무심히 내뱉은 말이 상대방에게 크나큰 상처가 될 수 있고 때로는 따뜻한 한마디가 상대에게 큰 힘을 주고 용기를 줍니다.

사랑하고 고마워하고 모든 것에 감사하는 삶을 살아야겠습니다.

스승의 가르침

'스승의 가르침이 끝났구나.
이제 우리에겐 스승이 없다.'고 생각할지 모르나
아난다야, 그렇게 생각하면 안 된다.
내가 너희에게 가르치고 설명한 것, 진리와 계율이
내가 가고 난 후 바로 너희의 스승이 되리라.

『열반경』

햇중 시절부터 많은 분들에게 받아 온 질문이 있습니다.

"초발심 불자는 어떤 책을 읽어야 좋습니까?"

저는 주저 없이 부처님 일대기를 열 번 정도 읽으라고 권합니다. 불자라면 적어도 부처님의 생과 가르침에 대해서는 알아야 한다고 생각합니다. 그 다음으로 부처님 말씀이 담긴 경전을 많이 읽으라고 권합니다. 『부모은중경』『아미타경』『지장경』 등 경전을 소리 내어 읽다 보면 부처님의 지혜와 가르침을 다시금 느끼게 됩니다.

물론 불교에 대해 아무것도 모르는 분이라면 불교 에세이도 권할 만합니다. 제가 만난 스님들 중 법정 스님의 책을 읽고 출가한 분도 많다는 것을 알았습니다.

아직은 한낮의 더위가 우리의 몸과 마음을 지치게 하지만 부처님 말씀이 담긴 책에서 한줄기 시원한 바람을 찾았으면 합니다.

늦지 않다

그 순간에 결정해도

어떤 사람이 임제 선사에게 물었습니다.

"누가 와서 스님을 마구 때리면 어떻게 하겠습니까?"

"그 사람이 오기도 전에 내가 어떻게 해야 할지 어찌 알겠는가?

그 사람이 오면 그 순간에 결정해도 늦지 않을 것이다."

우리는 아직 다가오지 않은 일에 대해 너무 많은 걱정을 하고 있습니다. 그래서 온통 걱정과 근심으로 가득 차 있습니다. 모두가 자기 안에서 만들어지고 있는 일입니다.

생기지 않은 일로 미리 걱정하면서 시간을 보내는 것은 올바른 삶의 자세가 아닙니다. 현재에 충실한 것이 더 현명한 태도입니다.

어젯밤부터 불어오는 바람이 예사롭지 않습니다. 계절의 순환은 어김없습니다. 이렇게 가을은 또 오는가 봅니다.

밖
에
서
찾
지
말
라

밤마다 부처와 같이 자고
아침이면 부처와 함께 일어난다.
참으로 부처님 계신 곳 알고 싶은가?
말하고 움직이는 그곳을 살피라.

『전등록』

많은 분들이 더운 날 절에서 기도 정진을 하고 있습니다. 수행자로서 참으로 흐뭇합니다. 기도하는 것도 좋지만 보살행을 함께 실천하는 참된 불자가 되었으면 합니다.

절에서 열심히 기도만 하고 정작 소중한 이웃에게 베풀지 않는다면 올바르게 불교를 실천하는 것이라고 볼 수 없습니다.

불교는 마음을 깨닫는 종교이자 실천하는 종교라는 것을 항상 생각하시기 바랍니다.

중국 당나라 때 백장 선사는 "하루 일하지 않으면 하루 먹지 않는다."는 명언을 남겼습니다.

하루는 제자들이 스승이 하루도 쉬지 않고 일하는 것이 안타까워 호미를 감추자, 선사는 하루를 굶었다고 합니다. 백장 선사의 모습에서 우리는 수행자의 참모습을 봅니다.

수행자로서의 삶을 살아가고자 출가한 지 꽤 긴 시간이 지났습니다. 그러나 언제나 빠짐없이 공경스럽게 부처님께 예불과 기도를 올리고 있습니다. 이는 수행자로서 변하지 않는 마음가짐입니다. 전법과 포교 또한 도심에서 살아가는 수행자로서 간과할 수 없는 중요한 수행의 방편입니다.

21일간의 다라니기도 입재를 했습니다. 법당에 울려 퍼지는 다라니기도 염불 수행은 신도님들의 간절함이 묻어나는 기도입니다. 저 또한 그들의 염원과 함께하며 불보살님의 가피를 기원하고 있습니다. 기도를 시작할 때는 신도님들의 얼굴에 근심과 걱정이 보였지만 다라니기도가 끝날 즈음이면 환희심 가득한 모습으로 변화되는 것을 예전 기도에서 많이 보아 왔습니다.

다라니기도가 끝날 때쯤이면 계절은 깊숙이 가을로 접어들어 있을 것입니다. 우리의 수행도 그렇게 물들어 가면 좋겠습니다.

할미꽃은 술래

　문득 오래전에 읽은 이청준의 어른을 위한 동화『할미꽃은 봄을 세는 술래란다』라는 책이 생각납니다. 점점 어린이와 같이 변해 가는 치매를 앓고 있는 할머니와 그와 다르게 하루하루 키와 지혜가 커져 가는, 할머니를 바라보는 손녀의 아름다운 나눔 이야기입니다.

　이 책에서 키와 나이와 지혜는 같은 의미를 나타내고 있습니다. 저자는 할머니가 손녀에게 키와 나이와 지혜를 줌으로써 자신은 점점 작아지고, 손녀는 키도 크면서 나이도 많아지고 지혜도 늘어 간다고 말하고 있습니다. 참으로 멋지고 아름다운 글입니다.

우리의 삶도 이런 것 같습니다. 영원한 나의 것은 없습니다. 비움으로써 채워지기 마련입니다. 우리가 살고 있는 이 공간도 시간이 지나면 또 다른 세대의 주인공이 그들의 세계로 꾸며 갈 것입니다.

오늘 또 한 가닥의 흰머리가 생겼다고 짜증을 부리기보다 우리가 아들 딸에게 젊음과 지혜를 나누어 주었다고 생각하면 그리 서글프지 않을 것입니다.

지금 이 순간의 마음이 행복하면 세상은 절로 행복해집니다.

가
만
히

생
각
해

보
면

사람들은 흔히 깨끗하고 더러운 것을 구별한다.
그러나 사물의 본성에서는 깨끗한 것도 더러운 것도 없다.
단지 우리의 마음이 깨끗한 것을 가까이 하고
더러운 것을 멀리하게 할 뿐이다.
그러므로 집착하는 마음을 떠난다면 모든 존재는 깨끗해진다.

『대품반야경』

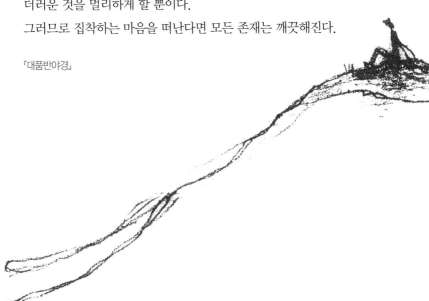

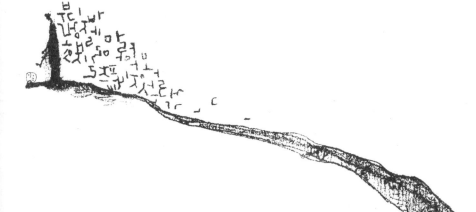

가만히 생각해 보면 오늘 보는 뜨락의 꽃은 어제 보았던 꽃과 사뭇 다르다는 것을 깨닫게 됩니다. 물론 생물이다 보니 하루하루 그 모양과 빛깔이 달라지겠지만 그 사물을 보는 사람의 심리 상태에 따라서도 달라 보이기 마련입니다.

마음이 여유롭거나 기분이 좋을 때는 발에 밟히는 풀뿌리조차 싱그럽고 고와 보이지만 마음이 산란하고 걱정이 있을 때는 그곳에 꽃이 피어 있는지조차 깨닫지 못하는 경우가 있습니다.

꽃과 풀은 언제나 그 자리에서 피고 지고 있지만 우리의 마음에 따라 아름답게 보이기도 하고 무의미하기도 합니다. 그러고 보니 마음이 모든 것을 만든다는 생각에 좀 더 가까이 가게 됩니다.

미
묘
한
향
기

부처님께서 사위성 기원정사에 계실 때
아난이 문안 드리고 여쭈었다.
"이 세상에 바람을 거슬러서도 풍기고
바람을 따라서도 풍기는 향이 있나이까?"
"그러한 묘한 향이 셋이 있느니라.
그것은 계의 향기, 들음의 향기, 보시의 향기니라.
이 세 가지 향은 바람을 거슬러서나 바람을 따라서나
언제나 풍기느니라.
이 세상의 모든 향기 가운데 이 세 가지 향기가 가장 훌륭하며
그 어떤 향으로도 비교할 수 없느니라."

『증일아함경』

어제는 종일 묘봉산에서 불어오는 바람이 신선한 하루였습니다. 언제 더웠나 할 정도로 시원하고도 고마운 바람이 불었습니다.

그 바람을 맞으며 생각해 봅니다. 어떤 향기를 품으며 이 세상을 살아가는 것이 참다운 삶인가. 부처님의 가르침을 배우고 닦아 몸과 마음이 청정하고 언제나 자신을 낮추며 베푸는 삶이 참다운 삶이라고 생각합니다.

우리는 어떤 향기를 풍기며 오늘 하루를 살아가고 있습니까?

출
가

    사람들은 가끔 저에게 왜 출가를 했느냐고 묻습니다.

    저는 거창한 말 대신 부처님 법이 좋고 그 법대로 살고 싶어 출가했다고 대답합니다.

    저는 집안의 장남이라 출가하는 데 어려움이 많았습니다. 특히 외가의 종교가 가톨릭이라 더욱 어려웠습니다. 그래서 혼자 고민하고 결정하는 데 많은 시간이 소요되었습니다. 버스를 타고 부산과 춘천, 또는 서울과 부산을 오가며 많은 생각과 고민과 갈등을 하였는데 그때마다 버스는 저의 좋은 도반이었습니다.

저는 부처님의 삶이 좋습니다. 그래서 출가를 통해 진정한 나 자신을 살피고 먹물 옷에 부끄럽지 않은 출가 수행자의 삶을 살고자 노력해 왔습니다. 아직도 부족한 부분이 많지만 그 또한 수행으로 채워 가는 과정이라고 생각합니다.

그래서 저는 오늘도 부처님 전에 있습니다.

가을밤 한 생각

가을이 무르익은 오늘 같은 밤에는 모든 것을 미뤄 두고 마당을 서성이면서 보내는 시간이 많습니다. 풀벌레의 울음소리가 한층 여물고 하늘의 별자리도 또렷합니다.

이맘때는 오대산 토굴이 그리워지는 계절이기도 합니다. 토굴에서 정진하는 중에 잠시 내려와 있다가 토굴로 돌아가면 먼저 나무와 바위들이 반가워하는 마음을 그들만의 방식으로 표현합니다.

그때 저는 알았습니다. 내가 마음을 열면 자연과도 소통할 수 있다는 것을 말입니다. 세상도 이와 같이 소통하며 살아간다면 서로를 잘 이해할 수 있을 것입니다. 그렇게 되면 싸움도, 분쟁도 일어나지 않을 것입니다.

홀로 지내는 시간이 길어지면서 알았습니다. 토굴에 혼자 있는데도 화가 난다는 사실을 말입니다. 이로 미루어 보건대 화내는 마음이든 행복한 마음이든 모두 자신이 만든다는 것입니다.

가을밤에 마당을 서성이며 마음에 대해 생각해 봅니다.

가을의 선물

불교에서는 부처님 전에 꽃 공양을 올립니다.

꽃은 아름다워서 보는 이의 마음을 기쁘게 하고 밝게 해 줍니다. 불법도 꽃과 같이 보는 이, 듣는 이에게 이로움을 주어서 기쁘고 즐거운 마음이 생기도록 하므로 모든 중생들에게 공양한다는 뜻으로 꽃 공양을 올리는 것입니다.

가을 국화가 온 도량에 가득합니다. 아직 봉오리가 맺혀 활짝 핀 꽃을 감상하려면 시간이 조금 더 있어야 할 것 같습니다.

매년 가을이면 국화꽃이 혜원 도량을 수놓습니다. 이것은 제가 혜원을 찾는 인연들에게 드리는 조그만 선물입니다.

부처님의 인연으로 만나
많은 불자님들이 남모르게 봉사하고
기도하는 모습을 보면서
따뜻한 차라도 함께하고 싶지만
시간이 허락하지 않아 매년 도량에 피는 국화꽃에
제 마음을 담아 봅니다.

불안한 마음을 가져오너라

혜가 대사가 스승 달마 대사와 나눈 유명한 문답이 있습니다.

"저의 마음이 불안하니 편안케 해 주십시오."

"그 불안한 마음을 가져오너라. 그러면 편안케 해 주리라."

"아무리 찾아도 없습니다."

"내 이미 너의 마음을 편안케 했노라."

저는 종종 걱정을 한 보따리 안고 있는 도반과 함께 해결책을 궁리하다가 답이 없어 답답해지면 농담 삼아 "그 걱정하는 마음을 내어놓아라."라고 이야기합니다. 그러면 그 순간 그토록 심각하던 문제들을 내려놓게 되는 경험을 합니다.

부처님은 구구절절이 팔만사천 법문을 펼쳐 놓았지만 우리 중생들은 미혹해서 그 많은 경전을 밤낮으로 읽고 외워도 생활 속에서 실천하지 못하고 있습니다.

그러고는 매일 크고 작은 문제들로 힘들어합니다. 아무리 고민해도 해결책이 떠오르지 않을 때, 가슴이 답답해서 괴로울 때, 걱정을 손바닥에 꺼내 보세요. 꺼낼 수도 없고 눈에 보이지도 않는 걱정들로 시간을 낭비하고 있다는 것을 깨닫게 될 것입니다.

문득 불어오는 찬바람에

내 나이 올해 예순다섯,
사대가 주인을 떠나려고 한다.
도는 스스로 아득하고 아득해서
거기에는 부처도 없고 조사도 없다.
머리를 깎을 필요도 없고
목욕을 할 필요도 없다.
한 무더기 타오르는 불덩이로
천 가지 만 가지가 넉넉하다.

『전등록』

세상을 물들이는 멋진 아침
밤이 깊을수록 더 빛나는 별

임종게란 대개 짧은 문장으로 생사에 걸림이 없는 심경을 말하는 것으로 죽음에 임박해 가까운 제자들에게 직접 전하는 마지막 한마디입니다.

칠불사 통광 큰스님, 그리고 무진장 큰스님께서 입적하셨다는 연락을 받고 잠시 멍했습니다. 시대의 참스승으로서 후학들에게 영혼이 깨어 있도록 많은 가르침을 주신 수행자이셨고 경전의 가르침과 포교의 법문으로 이 땅에 부처님 말씀을 전하신 선지식이었습니다.

문득 불어오는 찬바람을 맞으며 나의 생은 어떻게 마감할 것인가를 곰곰이 생각해 봅니다. 지금처럼 수행하다가 바랑을 지고 어느 들판 논두렁에서 고요히 잠들다 부처님 곁으로 가리라고….
그것이 수행자의 삶이자 저의 바람입니다.

내게도 스승님이 계십니다

단점을 정확히 말해 주고
잘못한 것을 솔직히 지적해 주는
그런 현명한 사람을 만나거든 주저하지 말고 따르라.
그는 나에게 보물이 숨겨진 곳을 알려 주는 사람이니
좋은 일은 있어도 나쁜 일은 없다.

『법구경』

세상을 물들이는 멋진 아침
밤이 깊을수록 더 빛나는 별

스승이란 자기를 가르쳐 이끌어 주는 사람으로 누구에게나 훌륭한 스승이 있다는 것은 큰 복이 아닐 수 없습니다.

제게도 스승님이 계십니다. 은사이신 고산 큰스님은 출가본사인 쌍계사에서 만났습니다. 출가의 뜻을 품고 산문을 들어서서 행자 생활을 시작할 때, 다른 행자들은 몇 개월의 수련 과정을 거쳐야 삭발을 할 수 있었지만 스승님은 저에게 3일 만에 삭발을 허가하셨습니다.

그리고 나의 의지와 상관없이 당신께서 먼저 저를 상좌로 살아가게끔 하셨습니다. 정신적인 지주로서 수행자의 삶을 살아가는 데 참다운 스승으로서 큰 등불이 되어 주신 소중한 분입니다.

슬픔을 간직한 꽃

　지난밤에는 오랜만에 휴식을 취하며 차 한 잔 마시는 여유로움을 즐겼습니다. 쌍계사에서 봉행된 은사 스님의 쌍계총림 방장 추대법회를 마치고 다시 일상의 모습으로 돌아왔습니다.

　출가본사인 쌍계사에는 행사 하루 전에 도착하여 행사를 준비했습니다. 쌍계사는 언제나 편안한 고향 같은 곳입니다. 모든 것이 저의 수행에 많은 의미를 전해 주었고, 돌계단 하나하나에서도 추억의 흔적을 찾을 수 있습니다.

　아침 공양을 마치고 도량 주변으로 포행을 나갔습니다. 불어오는 바람결과 새소리 그리고 쌍계를 휘감는 계곡의 맑은 물소리는 쌍계사가 천하제일의 도량임을 다시 한 번 느끼게 했습니다. 그중에 가장 눈에 띄는 것은 도량 전체에 핀 상사화였습니다. 이 계절, 독특한 아름다움으로 쌍계 도량을 수놓았습니다.

꽃무릇이라고 불리지만 상사화로 더 널리 알려진 이 꽃은 이름이 말해 주듯이 조금 특별한 꽃입니다. 어린잎이 나서 무성하게 자라다가 어느 순간 무성한 잎은 꽃대가 나기 전에 다 죽어 버립니다. 그리고 그 자리에 꽃대가 자라서 상사화가 피게 됩니다. 그런 까닭에 잎과 꽃이 절대 만날 수 없다 하여 이별초 또는 상사화(相思花)라고 불리게 된 것입니다.

참으로 슬픔을 간직한 꽃입니다.

빗소리 고운 밤에

쌍계사에 일이 있어 아침 일찍 길을 나섰습니다. 거사님 한 분이 운전을 해 주어 오랜만에 가을 들판과 비에 젖은 가로수를 여유롭게 볼 수 있었습니다. 참으로 황금들판이라고 할 만하였습니다. 거리에 핀 코스모스도 정겹고 불어오는 바람도 상쾌했습니다. 모든 것이 감사한 하루였습니다.

늦은 밤 절에 돌아와 창문을 열어 놓고 잠시 명상에 잠겼습니다. 오늘 있었던 일과 보았던 풍경, 그리고 지난 한 달을 찬찬히 되돌아보았습니다. 그렇게 나 자신을 위한 시간을 가지는 것이 참으로 좋습니다.

지금 이 자리에 있는 나는 누구이며, 본분사에 최선을 다하며 살
고 있는지 스스로 점검해 보는 시간입니다.

아름다운 세상 만들기

요즘 소셜 네트워크 서비스(SNS)의 한 영역인 '밴드'라는 소통의 공간을 통해 많은 분들과 만나고 있습니다.

어떤 분이 다가와 조용히 이야기하기를, 처음에는 스님이 휴대폰을 가지고 있는 것이 이상하더니 요즘은 SNS를 이용하는 것이 참 이해하기 힘들다고 합니다.

맞습니다. 저도 산속에서 수행할 때는 컴퓨터나 휴대폰이 필요하지 않았습니다. 그러나 지금, 도심에서 부처님의 참된 가르침을 전하는 것이 저의 수행 방편이 되다 보니 '밴드'를 통해 매일 하루를 시작하는 아침에 부처님의 말씀을 전하고 있습니다.

짧은 내용이지만 부처님 말씀에 감동하고 이웃에게 전하여 온 세

상이 불국토가 되면 우리가 간절히 바라는 아름다운 세상이 될 것
이라 믿기 때문입니다.

사찰 법당에서 하는 법문은 그 공간에 참여하는 분들만 공감한
다는 한계가 있습니다. 그러나 밴드 〈원허 스님의 아름다운 세상
만들기〉에서 전하는 부처님의 법음을 소중한 분들과 함께 나누면
그 효과는 엄청날 것이라 기대합니다. 또 다른 포교라 생각하면서
최선을 다하고 있습니다.

눈부시게 좋은 날

지족하는 삶

땅보다 무거운 것이 무엇이며
하늘보다 높은 것은 무엇인가.
바람보다 빠른 것이 무엇이며
온 세상의 풀보다 많은 것은 무엇인가.
계율의 덕은 땅보다 무겁고
교만한 마음은 하늘보다 높다.
과거를 기억함은 바람보다 빠르고
떠오르는 잡념은 풀보다 많으리라.

『잡아함경』

세상을 물들이는 멋진 아침
눈부시게 좋은 날

저처럼 도심에서 포교를 하고 법을 펴는 수행자의 경우 계율의 갈등에 처할 때가 많습니다. 그러나 어떻게 살아야 부처님의 뜻대로 사는가를 고민하다 보면 계율의 중요성을 되새기게 됩니다.

저는 수행자의 삶을 제대로 살고자 노력하고 있습니다. 그래서 아직까지 제 방의 청소를 남에게 맡기지 않고 부탁하지도 않습니다. 사소한 일들부터 잘 지켜 나가는 것이 수행자의 삶이라고 생각하기 때문입니다.

창문을 열어 놓고 가을바람 맞으며 제 방을 청소하는 이러한 일들을 수행의 방편이라고 생각하며 지족하는 삶을 실천하고자 합니다.

흐뭇한 풍경

사람들이 세상에 태어날 때
날카로운 도끼가 입 안에 있어
도리어 자기 몸을 해치나니
그것은 나쁜 말을 하기 때문이다.
꾸짖어야 할 사람을 도리어 칭찬하고
칭찬해야 할 사람을 공연히 헐뜯어
제가 뱉은 말로 자기의 허물을 더해
태어나는 곳곳마다 안락이 없구나.

『잡아함경』

세상을 물들이는 멋진 아침
눈부시게 좋은 날

아침에 눈을 뜨면 제일 먼저 하는 대화가 무엇입니까? 자녀들과 함께 살고 있는 보살님들은 아마도 자녀들의 이름을 부르며 깨우느라 고함부터 지르지 않을까 생각해 봅니다.

왜냐하면 제가 어렸을 때에도 어머니가 나를 깨우는 소리를 제일 먼저 듣고 눈을 뜨던 기억이 나기 때문입니다. 한 번 두 번 다정하게 부를 때는 못 들은 척하다가 결국에는 큰소리를 듣고서야 일어나는 게 습관이 되어 버렸던 것 같습니다.

하루가 열리는 소중한 시간을 좀 더 멋진 말을 주고받으며 시작할 수는 없을까요? 아침에 눈을 떠서 제일 먼저 무슨 말을 해야 서로가 좀 더 기쁘고 행복한 마음으로 하루를 열 수 있을까를 생각해 보고 꼭 실천하시기 바랍니다.

생각만 해도 흐뭇한 풍경입니다.

다름을 인정하는 것

자기의 얻음을 불평하고
남의 얻음을 부러워하면
마음의 안정을 얻을 수 없다.

『법구경』

세상을 물들이는 멋진 아침
눈부시게 좋은 날

뜰에 피어 있는 꽃을 바라보면 똑같은 모양의 꽃을 피우거나 같은 향기를 내는 꽃은 하나도 없습니다. 각각 서로 다른 향기를 머금고 고유의 색깔을 가지고 있습니다.

모두가 같은 향기와 빛깔을 가지고 있다면 소중함이 덜하듯 우리도 각자의 개성이 있기에 소중하고 빛나는 삶이 되는 것입니다.

내 곁의 사람이 조금 모자라고 마음에 들지 않는 부분이 있다면 그 사람이 부족한 것이 아니라 내가 정해 놓은 높이로 그를 바라보기 때문이라는 것을 깨닫는 것이 중요합니다.

다름을 인정하는 것으로부터 조화로운 삶이 시작됩니다.

가을 햇살에 물든 나뭇잎을 바라보며

진실을 거짓이라 생각하고
거짓을 진실이라 생각하는 사람은
이 잘못된 생각 때문에 끝내 진리에 이를 수 없다.
진실을 진실로 알고
진실이 아닌 것을 진실 아닌 줄 아는 사람은
그 바른 생각 때문에 마침내 진리에 이를 수 있다.

『법구경』

세상을 물들이는 멋진 아침
눈부시게 좋은 날

뜨거운 햇살 아래 반짝이던 잎들이 조금씩 녹음을 잃어 가고 더위를 식히기 위해 밖으로만 치닫던 마음도 이제 잠잠해지는 계절입니다. 그래서 가을은 자신의 내면을 성찰할 수 있는 가장 좋은 계절인 것 같습니다.

가을이 되면 가끔 세상에 혼자 있다는 외로움을 느낄 때가 있습니다. 하지만 그럴 때는 나 때문에 위로받고 행복해하는 사람이 있다는 것을 잊지 마시기 바랍니다. 물론 나도 누군가에게 위안을 받고 행복해할 때가 많다는 것도 말입니다.

세상을 물들이는 멋진 아침
눈부시게 좋은 날

어제는 가을밤이 정겨웠습니다.

저녁에는 찬바람이 불어 옷깃을 여미게 했지만 이 정도의 바람은 가을밤을 더욱 운치 있게 해 주는 무대 장치입니다. 세상사 바람 없으면 무슨 재미가 있겠습니까?

지난밤 하늘의 달은 가을밤에 어울리는 그런 달이었습니다. 하루하루 살아가느라 힘든 요즘 이런 여유라도 누리며 스스로를 위로할 필요가 있습니다. 달빛을 받은 담쟁이도 너무 고와 혼자 보기 미안할 정도였습니다.

담쟁이는 잎 하나가 혼자 벽을 넘는 것이 아니라 수천의 잎이 함께 벽을 넘는다고 합니다. 담쟁이에게서 함께하는 지혜를 배웁니다. 너무 각박하게 살지 말고 마음이 여유로운 불자가 되었으면 합니다.

부처가 되는 것이 급하거늘

깊어 가는 가을이 되면 언제나 떠오르는 단상이 있습니다.

해인사 학인 시절, 학인 스님들과 함께 산행을 하는 날이었습니다. 산행 도중 잠시 휴식을 취하고 있을 때 강사 스님께서 떨어지는 나뭇잎을 보면 어떤 생각이 나는지 학인 스님들께 물었습니다. 학인 스님들은 저마다의 생각을 이야기하며 화기애애한 분위기 속에서 가을의 정취를 만끽하였습니다.

제 차례가 되고 저는 강사 스님에게 이렇게 말했습니다. "스님! 지금 우리가 떨어지는 나뭇잎에 대해 이야기해야겠습니까? 생과 사를 고민하고 부처가 되는 것이 급하거늘….." 순간 분위기가 급변했고 다들 서둘러 그 자리를 떠났습니다.

　오래된 이야기입니다. 도반 스님들은 지금도 그때 이야기를 하며 놀리곤 합니다. 그때 스님은 사람이 아니었다고….

　나뭇잎이 물들어 가는 묘봉산의 모습도 아름답고 도량에 핀 코스모스도 정겨운 가을입니다. 참으로 수행하기 좋은 때입니다.

풀로 땅을 덮듯

부처님께서 발지국의 사마촌에 계실 때 어느 날 대중 가운데 싸움이 일어났습니다. 그러자 부처님은 그것을 다스리는 일곱 가지의 길을 아난에게 말씀하셨습니다.

"본인이 있는 앞에서 다스리고, 기억을 떠올리게 하여 다스리고, 불완전한 정신이었을 때는 건강을 회복한 뒤에 정상으로 인정해 주고, 본인의 자백에 의해 다스리고, 계속 외처(猥處)로 옮겨 싸움을 다스리고, 다수결에 의해 다스리고, 싸움을 끝내려면 풀로 땅을 덮듯 불문에 부쳐라."

『중아함경』

세상을 살다 보면 예기치 않게 크고 작은 싸움을 겪는 일이 가끔 있습니다. 싸움은 대부분 자신의 '억울함'을 풀고자 시작되는 경우가 많습니다.

하지만 객관적으로 생각해 보면 개인의 '억울함'은 상대적인 것이어서 제3자가 보면 별일 아닌 것처럼 느껴집니다. 이러한 때 위의 부처님 말씀은 참으로 현명하다는 것을 느낄 수 있습니다.

싸움은 대부분 상대방의 마음을 화나게 하는 한마디에서 시작됩니다. 그래서 가까운 사람일수록 더욱 입을 단속하여 불미스러운 일이 없어야 할 것입니다.

최
선
을
다
할
뿐

물을 대는 사람은 물을 끌어 들이고
활 만드는 사람은 화살을 곱게 만든다.
목수는 재목을 다듬고
지혜로운 사람은 자기 자신을 다룬다.

『법구경』

해인사 학인 시절에 입승 소임을 맡았습니다. 그때 해인사에서 전국 학인 체육대회가 열렸는데 전국의 강원과 동국대, 승가대학 등의 학인 스님이 모두 모이는 큰 행사였습니다.

저는 학인 체육대회가 열리기 며칠 전부터 부처님 전에 기도를 올렸습니다. 그리고 마지막에는 언제나 '부처님, 이렇게 큰 행사를 해인사 강원이 주축이 되어 준비하고 있습니다. 대회가 끝날 때까지 한 분도 다치지 않고 무사히 대회를 마치기를 불보살님 전에 기도합니다.'라고 발원하였습니다.

그 덕분인지 대회는 무사히 그리고 성공적으로 끝났습니다. 그 후로도 큰 행사나 사중에 큰 일이 있으면 저는 꼭 불보살님 전에 고하고 기도를 했습니다.

우리가 살아가는 일에 힘들고 어려운 일이 닥치지 않을 수가 없습니다. 그럴 때 우리가 할 수 있는 일에는 한계가 있습니다. 힘닿는 데까지 최선을 다하는 것은 우리의 몫이고 나머지는 불보살님께 의지하면 될 것입니다.

걱정을 버려라

마음속에 불꽃같은 욕심이 일어나면
생각은 뒤바뀌고 혼란해지리니
들떠 있는 불꽃같은 마음을 버려라.
욕심은 생각을 따라 생기므로
생각을 일으키면 곧 욕심이 생긴다.
욕심은 자신을 해치고 남을 해치며
갖가지 재앙을 불러와
현재에서 괴롭고 후생에서 다시 고통을 받는다.

『증일아함경』

이 세상에 걱정 없이 사는 사람이 과연 얼마나 될까요?

사람마다 각자 처한 상황에 따라 크고 작은 걱정으로 가득합니다. 한 걱정이 해결되면 좀 편하고 여유롭겠지 생각해도 걱정거리가 해결되기 무섭게 또 다른 걱정거리에 매달리고 있는 자신을 발견하게 됩니다. 이렇게 우리는 평생 걱정 가득한 삶을 살아가고 있습니다.

가만히 생각해 보면 이 걱정은 욕심에서 비롯됩니다. 그래서 분에 넘치게 가지지 않고 지족하는 삶을 살아간다면 그만큼 걱정할 일 또한 사라질 것입니다.

여러 가지 걱정거리로 머리가 복잡하고 마음이 바쁘거든 찬찬히 생각해 볼 일입니다. 내가 걱정한다고 해서 해결될 것이 과연 무엇인가? 나는 얼마나 많은 시간을 실체도 없는 걱정으로 허비하고 있는가?

눈부시게 좋은 날

만고벽담공계월(萬古碧潭空界月)
재삼로록시응지(再三撈漉始應知)
운권추공월영담(雲捲秋空月影潭)
한광무제여수담(寒光無際與誰談)

만고에 푸른 못 허공계의 달을
두세 번 건지고서 비로소 알았도다.
가을 하늘에 구름 걷히니 달그림자 못에 뜨고
차가운 광명 가없음을 누구와 더불어 말하겠는가.

_혜원정사 삼성각 주련

세상을 물들이는 멋진 아침

문득 묘봉산의 신선한 바람을 느끼다 불어오는 방향을 살피니 도량의 삼성각 쪽이었습니다.

삼성각은 불교가 우리나라에 토착화되면서 생겨난 전각으로 독성, 산신, 칠성 삼신께 참배하고 소원을 빌러 오는 사람들에게 불교를 홍포하고 믿게 하기 위해 세우게 되었습니다.

이처럼 불교는 나의 것이 소중한 만큼 다른 신앙도 존중하여 흡수하는 위대한 종교입니다. 절에 오시는 노보살님들은 삼성각이 상당히 높은 곳에 위치해 있는데도 아픈 다리를 이끌고 꼭 참배를 하십니다. 노보살님들이 간절하게 기도하는 모습을 보면 존경심이 일어납니다.

가을 햇살이 눈부시게 좋은 날입니다. 한 번쯤 산사에 들러 내 마음을 고요히 살피는 그런 하루가 되었으면 합니다.

해
바
라
기

언제나 깨어 있어 잘 깨닫는 그는
구담 부처님의 제자다.
낮이나 밤이나 법을 생각하고
한마음으로 법에 예배한다.

『법구경』

말간 하늘이 무척이나 청명한 아침입니다. 쨍 하고 눈부신 햇살 아래 해바라기가 얼굴을 내밀고 오로지 해만 바라보고 있는 풍경을 한참 바라봅니다.

해바라기는 꽃 이름에서 알 수 있듯이 해를 향해 얼굴을 들고, 종일 해만 따라다닙니다. 그러다 밤이 되면 고개를 떨구고 다시 떠오를 해를 기다리는 꽃입니다. 그래서 꽃말도 기다림, 순종, 일편단심인가 봅니다.

그러고 보면 우리 불자님들은 부처님 바라기입니다. 부처님의 말씀을 믿고 실천하기 위해 더운 날도, 추운 날도, 태풍이 부는 날에도 쉬지 않고 수행을 게을리하지 않으니까요.

가을이 익으면
해바라기 씨앗이 옹골차게 여물듯
우리 불자님들도 수행이 깊어지면
성불의 열매가 열릴 것을 믿어 의심치 않습니다.

가을이 가기 전에

아는 것이 조금 있다 하여
스스로 뽐내면서 남을 업신여기면
마치 장님이 촛불을 든 것과 같아
남을 비추지만 자기를 밝히지는 못한다.
제 자신이 어리석으면서
남들을 비춘다고 횃불을 들고 다니니
그대가 아는 것은
한 티끌에 지나지 않느니라.

『법구비유경』

세상을 물들이는 멋진 아침
눈부시게 좋은 날

사람은 누구나 자신을 뽐내고 싶고 상대방보다 더 나아 보이고 싶은 욕망이 있습니다. 그래서 조용히 내면을 채우기보다 겉모습을 치장하는 데 많은 시간과 돈을 투자합니다.

심지어는 사람의 차림새만 보고 그 사람의 됨됨이를 판단해 버리는 경우도 있습니다. 그렇다 보니 너도나도 외모에 신경을 많이 쓰는 것 같습니다.

가을이 깊어 아침저녁으로 제법 쌀쌀한 요사이지만 책 읽기에는 좋은 때인 것 같습니다. 오래전에 읽고 책장에 넣어 둔 책도 좋고 베스트 셀러도 좋습니다. 사색하기 좋은 가을이 가기 전에 책장 넘기는 소리에 귀 기울이면서 자신의 내면을 살피는 하루를 보내면 좋겠습니다.

하늘이 활짝 열리는 기분

해인사 학인 시절 때의 이야기입니다.

강원의 일 때문에 서울 조계종 총무원에 들러 업무를 보고 조계사 부처님 전에 참배를 드리고 나오는데 주머니에 500원밖에 없는 게 아니겠습니까? 해인사까지 가야 하는데 하늘이 무너질 정도로 난감했습니다.

하지만 어쩔 수가 없었습니다. 해인사까지 걸어가야겠다는 생각으로 일주문을 나서려는데 멀리서 한 거사님이 '스님' 하고 부르면서 저에게로 뛰어오는 것이었습니다. 가쁜 숨을 내쉬며 거사님은 자기를 알지 못하겠느냐고 묻는데 아무리 보아도 기억이 나지 않았습니다.

잠시 후 거사님은 저와의 인연에 대해 설명했습니다. 5년 전 가족과 함께 해인사를 방문했는데 절에 대해 전혀 알지 못할 때였다고 합니다. 그때 제가 아주 자세히 절과 불교에 대해 설명해 주어서 지금은 불자가 되어 매일 아침 일찍 조계사에 와서 부처님께 참배하고 회사로 출근한다고 하였습니다.

서로 인사를 한 후 한참 동안 살아온 이야기를 나누고는 헤어지려는데 거사님께서 여비라며 봉투를 제 주머니에 넣어 주었습니다.

일주문을 나서면서 열어 보니 5만원이 들어 있었습니다. 하늘이 활짝 열리는 기분이었습니다. 그 당시로는 해인사까지 왕복을 하고도 남는 금액이었습니다. 그때는 5만원이 인생의 최고 행복이었습니다.

소중한 삶의 흔적

아침에 도량을 한 바퀴 돌아 보면 온 세상이 아름답게 보입니다. 쌀쌀한 공기가 볼을 살짝 스치는 것도 참으로 기분이 좋습니다. 고개를 잠시 돌리면 보이는, 도량 입구의 낙엽들이 뒹구는 모습은 이 계절이 우리에게 주는 선물입니다. 이 오랜 나무들은 여름에는 푸름으로 우리에게 그늘을 제공하고 가을에는 빨갛게 물들어 보기가 좋더니, 지난밤 찬바람을 견디지 못하고 잎이 떨어져 바닥을 뒹굽니다. 그 모습조차 신성하게 느껴집니다.

우리의 인생도 이와 같을 것입니다. 정신없이 달려온 삶이 헛되지 않듯이, 지금 나의 주름진 얼굴 또한 소중한 내 삶의 흔적입니다.

세상을 물들이는 멋진 아침
눈부시게 좋은 날

보름달 같은 도반

만나면 언제나 재밌고 기분 좋아지는 친구가 있고 만남으로 인해 오히려 스트레스를 받는 친구도 있을 것입니다. 하지만 어떤 친구들이든 내가 싫다고 하루아침에 친구 관계가 소원해지지는 않습니다.

장점이 많은 친구이거나 단점이 많은 친구이거나 내 가까이에 함께하는 친구가 있다는 것이 행복한 일임을 깨닫는 것이 중요합니다.

안부를 묻지 못한 도반들이 그리운 날입니다. 아마도 찬바람이 사람을 더욱 그립게 하나 봅니다.

근심 푸는 곳

산사에서는 화장실을 근심을 푸는 곳, 해우소라 합니다.

해우소가 아름답기로 유명한 사찰로 전남 순천의 선암사가 으뜸인데 선암사 해우소는 해우소라 하지 않고 '뒷간'이라고 합니다.

오래전 만행을 다니면서 선암사를 처음 갔습니다. 선암사 해우소는 참으로 특이했습니다.

들어가는 입구부터 일주문을 연상케 하더니 칸막이마다 문이 없는 열린 공간이었습니다. 또한 사찰의 주요 건물에서 멀리 떨어진 외딴 공간이 아닌 함께 어우러진 수행의 장이었습니다.

세상에서 가장 편안한 자세로 앉았을 때 눈에 띄는 것이 있었습니다.

'대소변을 몸 밖으로 버리듯 번뇌와 망상도 미련 없이 버리세요.'

그렇습니다. 불교는 화장실에서도 마음공부를 일러 줍니다.
몸 안에 있던 찌꺼기를 몸 밖으로 버리듯 지금까지 내가 지녀온 온갖 욕심을 다 버리라는 것입니다. 내 욕심에서 모든 고통이 시작됩니다.

겨울의 문턱에서

복의 과보를 두려워하지 말라.
복의 과보는 안락의 원인이 되니
매우 사랑하고 공경할 만한 것이다.
복이 없음을 두려워하라.
복이 없음은 고통과 괴로움의 근본이니라.
그러므로 복 짓기를 게을리하지 말라.

『증일아함경』

세상을 물들이는 멋진 아침
눈부시게 좋은 날

겨울비가 내리더니 바람이 많이 차가워졌습니다. 여름에는 더운 날씨로 인해 집집마다 문을 열어 놓아 마음이 넉넉한 느낌이 들지만 겨울이 되면 차가운 바람 때문에 너나없이 문을 닫아 두니 덩달아 마음마저 닫아 버리는 것 같습니다. 그래서 겨울을 외로운 계절이라고 하는가 봅니다.

하지만 겨울에만 느낄 수 있는 정취가 많습니다. 따뜻한 난로와 군고구마, 코끝이 쌩하도록 상쾌한 공기, 많은 사람들의 마음을 설레게 하는 하얀 눈까지….

겨울이 우리에게 주는 선물입니다. 어차피 겪어야 하는 추위라면 넉넉한 마음으로 맞이해야겠습니다.

사람은 누구나 외로움을 타는 것 같습니다.
저 또한 늦은 저녁까지 책을 보다가 바람에 낙엽이 흩날리는 소리를 들으면
저도 모르게 외로움이 밀려와서 차를 마시게 됩니다.
그리고 그 소리에 귀 기울이게 됩니다.

바스락거리는 바람 소리와 가끔씩 들려오는 이름 모를 새소리를 듣다 보면
어느덧 외로움은 저 멀리 물러나고 평온함이 가슴 깊숙이 스며듭니다.
마음을 열면 자연과도 소통할 수 있음을 깨닫는 순간입니다.

화살을 피하는 법

해와 달은 네 가지 인연을 만날 때
그 빛을 발휘하지 못하게 된다.
구름이 끼거나 먼지가 짙게 끼거나
연기가 자욱하거나 아수라가 삼켜 버릴 때이다.

수행자들이여,
사람도 네 가지 번뇌가 마음을 덮으면 깨닫지 못하게 되느니라.
탐욕이 강할 때, 분노하는 마음으로 가득할 때,
사견을 좇는 어리석음을 가질 때,
그리고 자기의 이익에만 매달릴 때이니라.

「증일아함경」

부처님께서는 탐욕과 분노, 어리석음과 교만은 마치 네 개의 독화살과 같아서 모든 병을 일으키는 근본이 된다고 말씀하시며 밖으로부터 날아오는 독화살은 피할 수 있지만 안으로부터 자라나는 독화살은 막을 수 없다고 하셨습니다.

제법 쌀쌀해진 날씨 속에서도 법회가 있는 날에 정갈한 몸과 마음으로 절을 찾아 기도하고 정진하는 불자님들을 보면 모두가 부처님처럼 거룩하게 보입니다.

간절한 마음으로 수행하다 보면 언젠가는 마음속의 번뇌가 반드시 사라지게 될 것입니다. 눈에 보이지 않지만 수행의 선업은 분명히 쌓임을 굳게 믿고 기쁜 마음으로 정진하기 바랍니다.

계를 지키기 위해서라면

저는 항상 스님과 신도님들께 불교의 중흥기를 맞으려면 '계'의 정신이 살아 있어야 한다고 말합니다. 계의 정신은 부처님의 정신, 부처님의 가르침대로 살아가는 것입니다.

부처님이 계율을 정한 이유는 『사분율』에 잘 나타나 있습니다. 그것은 교단의 질서를 잡기 위해서요, 대중을 기쁘게 하기 위해서이며, 대중의 안락을 위해서입니다. 이렇게 보면 계율은 지키게 하는 데에만 목적이 있는 것이 아닙니다. 수행하는 사람이 흐트러지지 않고 더욱 정진할 수 있도록 하는 힘이 되어 줌을 알 수 있습니다.

저는 출가 이후 지금까지 육식을 금하며 음주를 하지 않았습니다. 이것은 누구에게 보여 주고자 하는 것이 아닌 나 자신의 수행의 방편이자 부처님의 가르침대로 살고자 하는 나의 실천입니다.

오래전 해인사 학인 시절, 쇠고기라면을 먹고 3천배를 올린 적이 있습니다. 이 모두가 스스로 나 자신의 '계'를 지키기 위함입니다.

새
롭
게   알
아
차
리
기

마음은 들떠 흔들리기 쉽고
지키기 어렵고 억제하기 어렵다.
지혜로운 사람은 자기 마음 갖기를
활 만드는 사람이 화살을 곧게 하듯 한다.

『법구경』

불교는 깨달음의 종교입니다.

깨달음이란 어느 날 갑자기 사람이 달라지는 것이 아닙니다. 순간 새롭게 알아차리는 것입니다.

우리 마음은 순간순간 너무도 변화가 많습니다. 어느 때는 온 세상을 다 받아들일 듯하다가 한순간에 자신의 마음을 닫아 버립니다. 우리 삶처럼 다양하게 마음이 움직이는 것을 볼 수 있습니다.

그렇기 때문에 마음공부를 해야만 합니다. 참선하고, 염불하고, 경전을 독송하는 일 모두가 바르게 살기 위한 우리들의 수행입니다. 수행을 통해 내 마음을 알아차리고 순간순간 깨달아서 열린 마음으로 살아야겠습니다.

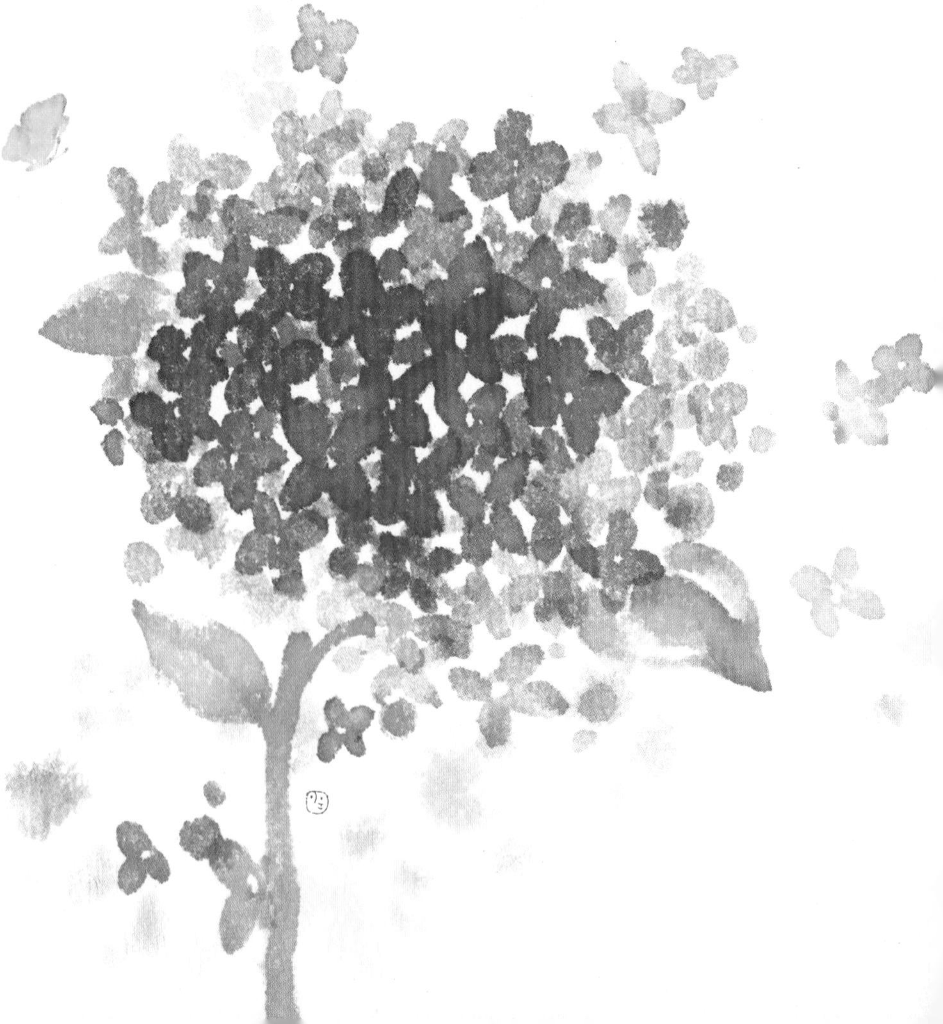

매일매일이
주인공의 삶

칠월은 수국의 계절입니다.
어느 사찰에서나 볼 수 있는, 몇 포기씩 무리 지어 피어 있는 수국을 보면
참으로 소담스러우면서 잔잔한 아름다움을 느낍니다.
이처럼 변화하는 계절 속에서 주인공으로 반짝이는 것들이
한 가지씩은 있기 마련입니다.

우리의 인생에서도 주인공으로 반짝이는 시간이 분명 존재합니다.
그 반짝이는 순간을 위해 꾸준히 정진하는 모습 또한 아름다운 모습입니다.
우리의 삶은 매일매일이 주인공입니다.

너그러운 삶을 사는 법

어느 날 부처님께서 포행을 하고 계실 때
평소 욕을 잘하는 한 바라문이
부처님께 욕을 하면서 뒤를 따라다녔습니다.
부처님께서 길을 멈추시자 바라문이
"고타마여, 항복한 것인가?"라고 말하였습니다.
부처님께서는 조용히 게송으로 말씀하셨습니다.
"이긴 사람은 더욱 미움을 사고
진 사람은 잠자리가 불편하다.
이기고 지는 것을 함께 버리면
편안한 잠을 잘 수 있으리."

『잡아함경』

세상을 물들이는 멋진 아침
눈부시게 좋은 날

우리는 태어나면서부터 누군가와 경쟁을 하게 됩니다. 제일 먼저 경쟁하게 되는 대상은 형제라고 합니다. 간단하게 생각해 본다면 집에서 아이들이 장난감을 가지겠다고 싸우고 울어 대는 상대는 대부분 형제로 서로 경쟁하며 이기는 방법을 배우기 시작하는 것입니다.

그렇게 시작된 경쟁이 사회에 나가면서 강도가 커져 심지어는 먹고 살기 위해 경쟁을 하지 않으면 안 되는 경우도 있습니다. 그래서 살기 위해서라도 경쟁에서 이기는 것은 꼭 필요한 현실이 되어 버렸습니다.

하지만 우리가 만나는 사람들을 모두 경쟁자로만 본다면 마음 편히 살아가기 힘들 것입니다. 어떠한 경쟁에서 내가 이기는 것만이 능사는 아닙니다. 졌다고 해서 크게 좌절할 필요도 없습니다. 경쟁의 시각에서 벗어나면 좀 더 편안하고 행복한 삶을 살아갈 수 있습니다.

지
혜
로
운

사
람

깊은 물과 얕은 물은 그 흐름이 다르다.
바닥이 얕은 개울물은 소리를 내고 흐르지만
깊고 넓은 큰 바다의 물은 소리를 내지 않고 흐른다.
부족한 것은 시끄럽지만 가득 찬 것은 조용하다.
어리석은 사람은 반쯤 채워진 물그릇과 같고
지혜로운 사람은 가득 찬 연못과 같으리라.

『숫타니파타』

모든 일에 겸손하면서 자신의 일에 최선을 다하되 그 결과가 자신이 세운 목표에 미치지 못하더라도 후회하지 않는 사람은 지혜로운 사람입니다. 그래서 지혜로운 사람은 만족한 삶을 살 수 있습니다.

지혜롭지 못한 사람은 어떠한 일이 잘못되었을 때 그 원인을 자신에게서 찾지 않고 주위 환경에서 찾거나 다른 이를 탓하며 화를 냅니다. 그러다 보면 자신의 잘못을 깨닫지 못하는 실수를 반복하게 되고 그만큼 불행한 삶을 살 수밖에 없는 것입니다.

한겨울의 싸늘한 아침 공기를 기분 좋다고 느끼는 사람이 있는가 하면 괴로워하며 어서 겨울이 갔으면 하는 사람도 있을 것입니다. 어차피 추위를 피할 수 없다면 한 생각 돌려 기분 좋게 하루를 시작하는 것은 어떨까요?

아름다운 인생

세상을 물들이는 멋진 아침
눈부시게 좋은 날

신도님들께서 상담을 하러 오면 대부분 저의 말을 듣기보다 자신의 처지를 하소연하는 경우가 많습니다. 그리고 한참 이야기를 듣다 보면 스스로 결론을 내립니다. 그래서 저는 신도님들의 고민을 들어 주고 공감하는 역할만 하면 됩니다.

고민을 가득 안고 있는 분들은 대부분 표정이 어둡고, 자신의 삶에 만족하며 사는 분들은 얼굴이 편안해 보인다는 것을 쉽게 알 수 있습니다. 관상가가 아니더라도 그 사람의 삶을 어느 정도 얼굴에서 읽을 수 있는 것입니다.

얼굴 표정은 이미 오래전부터 만들어졌고 지금 이 순간에도 끊임없이 만들어지고 있습니다. 먼 훗날 내 표정이 따뜻하고 넉넉하기를 바란다면 오늘을 어떻게 살아야 할지 먼저 고민해야 할 것입니다.

짐 내려놓기

무거운 짐을 버리고자 할지언정
새로운 짐을 만들지 말라.
짐을 지는 것은 세상 사람들의 병이요
짐에서 벗어나는 것은 최고의 즐거움이다.
반드시 애욕의 결박을 끊고
모든 법답지 못한 행동을 버려라.
그것들을 모두 버리면
다시는 윤회의 몸을 받지 않으리라.

『증일아함경』

우리는 날마다 감당하지도 못할 많은 짐을 지고 하루를 시작합니다. 종일 그 짐을 내려놓으려고 버둥거려 보지만 하루를 마무리할 때면 또 다른 짐이 기다리고 있음을 깨닫게 됩니다.

우리가 좀 더 행복한 삶을 살아가고자 한다면 스스로 감당할 만큼의 짐만 지고 가야 할 것입니다.

짐을 내려놓는 방법은 이미 부처님께서 말씀하셨습니다. 마음을 열고 실천하는 삶을 살아가는 것은 우리들의 몫입니다.

초
심

마하트마 간디는 말했습니다.

"기도는 하루를 여는 아침의 열쇠이고 하루를 마감하는 저녁의 빗장이다."

아침에 눈을 뜨면 제일 먼저 무엇을 하십니까? 저마다 아침을 맞이하는 방식이 다르겠지만 저는 제일 먼저 문을 열어 두고 신선한 바람을 맞이합니다.

하루를 시작하는 아침은 모두에게 참으로 소중한 시간입니다. 이러한 아침을 맞이하면서 우리는 기도를 해야 합니다. 어지러운 세상을 살면서 늘 깨어 있고 마음의 평안을 유지하기 위해서 고요한 아침에 참선하고 기도해 봅시다.

큰절에서는 새벽 3시에 도량석을 합니다. 왜 모두가 잠든 고요한 시간에 일어나 종성을 하고 예불을 올리는지 출가하고 처음에는 알지 못했지만 곧 알게 되었습니다. 새벽예불이 중요한 이유는 하루 일과를 시작하는 초심을 어떻게 가지느냐에 따라 하루의 삶이 달라지기 때문입니다.

꼭 필요한 생각만 한다면

어리석은 사람은 생각하지 않아도 될 것을 생각하고
말하지 않아도 될 것을 말하며
행하지 않아도 될 것을 몸에 익히는데 그것은
남의 재산을 보면 탐욕심을 일으키고
마음속에 미움을 품고 나쁜 말을 하며
거짓말, 이간질, 악담, 꾸며 대는 말을 하고
부질없이 산목숨을 죽이고
주지 않는 남의 물건을 훔치며
사음하는 것이다.

『증일아함경』

생각하지 않아도 되는 것을 생각함으로 인해서 우리는 항상 걱정을 안고 살아갑니다. 말하지 않아도 될 것을 말함으로 해서 다른 사람의 마음을 아프게 할 뿐만 아니라 후회하는 경우도 있습니다. 그리고 행하지 않아도 될 것을 몸에 익힘으로 해서 몸에 병이 생기고 많은 시간과 돈을 허비합니다.

꼭 필요한 생각만 하고, 꼭 해야 할 말만 하고, 꼭 해야 할 일만 하는 것, 실천하기 어렵다는 것을 알지만 마음속에 새겨 둔다면 조금씩 고칠 수 있을 것입니다.

가
장
귀
한
부
자

이 세상에 어느 누가 가장 귀한 부자인가.
이 세상에 어느 누가 가장 궁한 가난인가.
부모님이 살았을 때 가장 귀한 부자이고
부모님이 안 계시니 가장 궁한 가난일세.

『대승본생심지관경』

저에게도 속가에 어머님이 계십니다.

지난 초파일에도 우리 절에 말없이 오셔서 점심 공양을 드시려고 줄을 서 있는 모습을 발견하고 조용히 친견실로 안내했습니다.

저도 한때 세속의 인연을 의식적으로 멀리하였습니다. 그렇지만 그것이 수행에서 중요한 문제가 아니라는 것을 깨달았습니다.

가만히 생각해 보면 부모님의 마음은 언제나 자식들을 향해 있고 언제나 내 편이 되어 주십니다. 그래서 더욱 부모님이 살아 계실 때 가장 귀한 부자라는 말을 실감하게 됩니다.

저절로 향기로운 삶

언젠가는 알게 될 것이다

너희들은 마땅히 법 가운데서
서로 화합하고 순종하여 서로 송사를 일으키지 마라.
한 스승에게 배우고 있으니
우유와 물이 잘 혼합되듯 화합하라.

『장아함경』

혜원의 주지 소임을 맡을 때는 30대의 젊은 수행자 시절이었습니다. 어느 날 은사 스님께서 멀리서 큰 찻상을 트럭에 싣고 와서는 주지 소임을 맡은 기념이라며 저에게 건네 주셨습니다. 제가 사는 조그마한 방 절반을 차지하는 아주 커다란 찻상이었습니다.

스승님께 여쭈었습니다.

"방도 작은데 스님, 왜 이렇게 큰 찻상을 주시는지요?"

"숙제다. 언젠가는 알게 될 것이다."

세월이 흐른 지금, 은사 스님의 깊은 뜻을 알게 되었습니다.

그 찻상은 스님과 신도가 마주 앉아 상담을 할 때 스승과 제자로서 지켜야 할 경계선이었습니다. 젊은 제자가 혹시나 보살들과 이야기를 할 때 오해를 불러일으킬 수 있다고 생각하여 먼 거리에 앉아 얘기할 수 있도록 그렇게 큼지막한 찻상을 선물해 주신 것이었습니다. 저를 지켜주기 위한 선물이었던 것입니다. 스승님은 그렇게 세심한 부분까지 저에게 가르침을 주고 깨달음을 주셨습니다.

지금 제 곁에 스승님께서 계신 것만으로 저는 행복합니다.

세상은 나로부터 움직입니다

하늘에서 보물이 비처럼 쏟아져도
욕심 많은 사람은 만족할 줄 모르누나.
욕심은 괴로움만 줄 뿐 즐거울 줄 모르나니
황금이 태산처럼 쌓였다 한들
욕심 많은 사람, 무엇 하나 만족할까?
슬기로운 이는 마땅히 알아야 할지니
하늘의 오욕락을 얻을지라도
그것에 즐거워하지 않고 애욕을 끊어 집착을 버리면
비로소 깨달은 이의 제자이니라.

「중아함경」

분에 넘치는 것에 마음을 빼앗기고 내 것이 아닌 것을 소유하고 싶은 마음을 욕심이라고 합니다. 살아가면서 욕심에서 완전히 벗어나기가 쉽지 않지만 기도하고 정진하는 마음으로 살아간다면 욕심에서 점점 멀어지는 자신을 발견하게 될 것입니다.

세상은 나로부터 움직이고 내가 주인공이라는 사실을 항상 기억하고 아침에 눈을 뜨면 자신의 마음속에 어떠한 욕심이 일어나고 있는지 알아차려 지족하는 삶을 살아야 할 것입니다.

하루하루의 수행이 쌓이다 보면

가장 뛰어난 부처가 찬탄해 마지않는
맑고 고요한 마음의 안정을
사람들은 '빈틈없는 마음의 안정'이라고 한다.
이 마음의 안정과 견줄 만한 것은 아무것도 없다.
이 뛰어난 보배는 그 이치 속에 있다.
이 진리에 의해서 행복하라.

「숫타니파타」

세상을 물들이는 멋진 아침
저절로 향기로운 삶

마음이 편안하면 세상은 참으로 아름답게 보이고 곁에 있는 모든 사람이 소중하게 느껴지며 긍정적인 에너지가 가득합니다. 반대로 마음이 불안하고 불편하면 앉은 자리가 바로 지옥이 되어 버린다는 것을 경험으로 알 것입니다. 그래서 곁에 있는 사람의 단점만 보이고 지금 자신이 처해 있는 상황이나 환경에 불만이 생기게 됩니다.

　이렇듯 '마음'이 향하는 방향에 따라 우리 삶의 질도 달라집니다. 마음의 안정을 유지하기 위해서는 평소 수행이 중요합니다. 아무리 돈이 많고 시간이 많고 곁에 있는 사람이 잘해 준다고 해도 자신의 마음이 편안하지 않다면 소용이 없습니다.

　보슬비에 옷자락이 젖듯 하루하루의 수행이 쌓이다 보면 그 마음이 편안해져서 행복한 삶을 살 수 있습니다.

저절로 향기롭습니다

조개 속에 진주가 들어 있듯
돌 속에 옥이 감추어져 있듯
사향을 지니면 저절로 향기로운데
구태여 바람 앞에 설 필요가 있겠는가.

_ 야부도천 선사

세상을 물들이는 멋진 아침
저절로 향기로운 삶

수행을 많이 한 사람은 굳이 스스로를 자랑하지 않아도 다른 사람들이 알아줍니다.

어느 식당에서 벽에 걸려 있는 글을 보았습니다.
'난의 향기는 천 리를 가고 사람의 향기는 만 리를 간다.'
사람의 인격에서 풍기는 향기는 굳이 자신을 드러내지 않아도 멀리 간다는 이야기입니다.

수행 또한 마찬가지입니다. 공부를 많이 하고 수행을 오래 하면 자신을 드러내지 않아도 그 공부의 깊이를 주위의 사람이 다 느낄 수 있습니다. 인격을 쌓지 않고 수행을 하지 않은 사람일수록 자신을 더 드러내게 마련입니다.

금방 사라지는 소리는 생명이 없는 것이니

세상을 물들이는 멋진 아침
저절로 향기로운 삶

모래성이 무너질 때
어린아이들이 얼마나 울더냐?
이처럼 칭찬과 명예를 잃을 때
나의 마음은 어린아이와 같아진다.

금방 사라지는 소리는 생명이 없는 것이니
나를 칭찬하는 마음이 있을 수 없다.
다른 사람이 나를 좋아한다는 이 명성이
기쁨의 원천이 된다는 것인가?

『입보리행론』

　우리가 살아가면서 마지막까지 버리지 못하는 것 중 하나는 명예입니다. 누군가 나를 알아주고 인정해 주는 것을 기쁨으로 알고 살아가는 것이 우리 중생의 심리입니다.

　그러나 명예는 아침 햇살에 사라지는 이슬과 같습니다. 다른 사람이 나를 칭찬해 주면 기쁘고 나를 비방하는 말 한마디에 마음이 흔들린다면 깨달음의 길은 아직도 멀다고 할 수 있습니다.

　누가 나를 칭찬해 주어도 흔들리지 않고, 설령 알아주지 않는다해도 서운해하지 않는 여여한 그 모습이야말로 참공부인의 모습입니다.

꽃과 열매를 꺾지 마라

나무 밑 작은 그늘에서 쉬었다면
고마운 줄 알아서 그 가지와 잎사귀,
꽃과 열매를 꺾지 마라.

『잡보장경』

삶을 살아가면서 고마운 일들을 많이 겪게 됩니다.

혼자만 살 수 없는 세상이기에 늘 함께 서로 도움을 주고받으며 살아간다고 생각합니다. 하지만 생각해 보면 나에게 이익이 되는 일에만 감사함을 느끼지 않았는지 돌이켜봅니다.

나의 것이 소중하다면 우리 모두가 함께 느끼는 것도 소중하다는 것을 알아야 합니다.

산길에 예쁘게 피어난 꽃이 있습니다. 여러분은 어떻게 하시나요?

어떤 분은 혼자만 보기 위해 집으로 가져가는데 그러면 그 꽃은 모두가 나누는 꽃에서 한 사람만을 위한 꽃으로 바뀌게 됩니다.

그것이 욕심이라는 것을 알아야 합니다. 욕심이라는 것을 알아차리면 똑같은 행동을 반복하지 않게 될 것입니다. 살아가면서 알아차림이 중요한 이유입니다.

오늘 하루 나는 어떻게 보냈는가

눈에 보이는 것이나 보이지 않는 것이나
멀리 살고 있는 것이나 가까이 살고 있는 것이나
이미 태어난 것이나 앞으로 태어날 것이나
살아 있는 모든 것은 다 행복하라.

『숫타니파타』

잠들기 전에 잠시나마 하루의 삶을 점검해 보는 시간을 가져야 합
니다.

'오늘 하루 나는 어떻게 보냈는가.

너무 즐거워서 몇 번이나 소리 내어 웃었던가,

힘들고 괴로워 몇 번이나 긴 한숨을 뱉었던가.

삶의 무게가 힘겨워 삶 자체를 부정하고 싶은 순간은 있었던가.

그리고 행복한 순간은 얼마나 많았던가….'

이렇게 하루를 점검한다면 우리 삶은 점점 행복에 가까워지는 삶
으로 바뀔 것입니다.

내일은 좋은 햇살을 보장할 수 없습니다

일상 속에서 옳은 것을 힘써 실천하고
옳지 않은 것이면 반드시 그만두어야 한다.
일의 쉽고 어려움에 따라 신념을 바꾸어서는 안 된다.
당장 어렵다 하여 고개를 저으며 돌아보지 않으면
뒷날에 지금보다 더 어렵지 않으리라는 것을 어떻게 알겠는가.

「선림보훈」

한 번 지나간 것은 다시 돌아오지 않습니다. 그래서 우리 앞에 다가온 상황에 최선을 다해야 합니다. 오늘은 햇살이 따사로워 곡식을 말리기 좋지만 내일도 좋은 햇살을 누릴 수 있다고 보장할 수 없습니다.

이와 마찬가지로 우리들이 옳은 일을 실천하고자 마음을 먹었다면 바로 실천해야 합니다. 왜냐하면 언제 다시 이런 좋은 기회와 여건이 만들어질지 기약할 수 없기 때문입니다. 우리에게 어김없이 아침이 온다는 것을 당연하게 여기지 말고 순간순간 최선을 다하시기 바랍니다.

밤늦게 창문을 여니

올겨울 들어 처음으로 눈이 내렸습니다. 소복이 쌓일 정도의 많은 눈은 아니지만 휘날리는 모습에서 가히 새로운 세상을 볼 수 있었습니다. 눈이 많이 휘날릴 때면 사찰 어린이집 원아들은 즐거움이 가득하여 온 사찰을 이리저리 휘젓고 다닙니다. 동심의 세상입니다.

밤늦게 창문을 여니 혜원 뜨락에 눈이 쌓여 있는 모습이 불빛에 비치어 참으로 고왔습니다. 무심히 눈을 바라보다 보니 서산 대사의 선시가 떠올랐습니다.

"눈 덮인 들판 길을 걸어갈 때
함부로 어지럽게 걷지 마라.
오늘 내가 가는 이 발자취
뒷사람의 이정표가 될 것이니."

눈을 통해서 나의 본모습을 찾아갑니다.

나의 마음가짐이 가장 중요합니다

빚지지 않는 것과 아끼는 일은 최하의 즐거움이요
재산이 있어 남에게 베푸는 것은 중간의 즐거움이며
몸과 입과 마음을 청정히 하고 진리를 들어 즐거운 것은
최상의 즐거움이니
지혜로운 사람이 해야 할 일이니라.
그대들은 오늘부터 목숨이 다하는 날까지
어른과 어린이를 서로 가르쳐
중간과 최상의 즐거움을 찾을지어다.

『잡아함경』

세상을 살아가면서 쉬우면서도 어려운 것이 사람과의 관계입니다. 가족과의 관계에서부터 직장 동료와의 관계, 친구 관계 등 모든 관계에서는 나의 마음가짐이 가장 중요합니다. 상대방이 어떻게 해주기를 바라기보다 내가 어떠한 마음을 가지느냐에 따라 관계는 좋아지기도 하고 불편해지기도 합니다.

자기의 마음은 꼭꼭 닫아 두고 상대방의 마음이 열리기를 기대하다가 좋은 인연을 떠나보내는 경우가 종종 있습니다.

이제부터라도 나의 마음을 먼저 활짝 열고 진심으로 상대방에게 손을 내밀어 볼 일입니다. 그러다 보면 분명히 좋은 인연이 내 곁으로 모여 보다 풍요롭고 행복한 삶을 살아갈 수 있을 것입니다.

삶의 속도를 조절하면서

저는 지금 자장 율사가 지혜의 상징인 문수보살을 친견하고 얻은 석가모니 진신사리를 봉안한 성지이자 한국불교의 큰 스승이신 한암, 탄허 스님의 법맥이 흐르는 오대산 자락에 와 있습니다.

천년의 숲, 전나무의 향기가 흐르고 밤하늘의 별이 유난히 밝은 이곳 오대산은 참으로 편안하고 평화로운 곳입니다. 이곳은 수행 도량으로 오랜 생활을 함께해 온 저의 기도처입니다.

이곳에서 나 자신을 돌아봅니다. 지금까지 무작정 달려왔던 삶의 속도를 조절하면서 어떤 것이 수행자의 본질적인 삶인가를 나 자신에게 물을 것입니다.

날마다 행복한 날

봄비라고 하기에는 좀 많은 비가 내렸습니다. 두껍게 쌓여 있던 대지의 겨울 기운이 몽땅 씻겨 내려간 기분이 듭니다. 곳곳에 매화가 피고 천리향 꽃향기가 봄이 온다고 기별을 하더니 어제 내린 비로 이제 완연한 봄이 시작되려나 봅니다.

이런 아름다운 봄을 즐기는 것 또한 우리가 쉽게 만날 수 있는 행복입니다. 바쁘다는 이유로 외면하지만 않는다면 우리의 삶은 날마다 행복한 날입니다.

마음의 길을 따라

세상을 물들이는 멋진 아침
저절로 향기로운 삶

온화한 마음으로 성냄을 이기라.
착한 일로 악을 이기라.
베푸는 일로써 인색함을 이기라.
진실로써 거짓을 이기라.

『법구경』

살다 보면 이유 없이 흐린 하늘처럼 마음이 우울하고 무기력한 날이 있는가 하면 특별히 좋은 일이 없는데도 왠지 기분이 들뜨는 날이 있습니다.

가만히 마음의 길을 따라가 보아도 그 이유를 쉽게 알 수 없는 것이 우리 중생의 삶입니다. 하지만 수행을 꾸준히 하다 보면 특별히 힘든 날이나 감당하지 못할 만큼 좋은 날 없이 항상 여여하게 잔잔한 일상을 맞이할 수 있습니다.

요동치는 마음을 따라 힘들어하지 말고 꾸준한 수행으로 평화로운 일상을 살아가시기 바랍니다.

신부님은 예수님을 만납니까

나와 잘 아는 지인이 다음과 같은 이야기를 해 주었습니다.

어떤 천주교 신자가 어느 날 성당의 신부님을 찾아갔습니다.
그러고는 신부님께 물었습니다.
"신부님은 영성 시간에 예수님을 만납니까?"
신부님이 대답했습니다.
"네, 매일 만납니다."
"저는 한 번도 예수님을 만나지 못했습니다. 신부님께서 예수님을
만나면 꼭 전해 주십시오. 저에게도 한번 다녀가시라고 말입니다."

시간이 지나 그분이 다시 신부님을 만났습니다.

"신부님! 제 얘기를 전했습니까?"

신부님은 이렇게 얘기했답니다.

"예수님께서 당신에게 몇 번이나 전화했는데 그때마다 통화 중이었다고 하던데요."

지인의 얘기를 듣고 웃음을 머금으면서 한편으로는 많은 것을 생각했습니다.

우리는 많은 진리를 배우고 익히면서도 탐·진·치 삼독심에 사로잡혀 본심을 깨닫지 못하고 그림자에 갇혀 사는 것은 아닌지 모르겠습니다. 우리 일상의 삶이 쉼 없이 달리기만 하고 있지는 않는지 자문해 봅니다.

잠시라도 자신을 향하는 마음 수행 시간을 가져 보기 바랍니다. 삶을 바라보는 시선과 변화된 자신을 느끼게 될 것입니다.

조금 모자란 듯해도

　제가 나고 자란 곳은 아주 한적한 시골입니다. 시골이 다 그렇듯 우리 동네에도 우물이 하나 있어서 온 동네 주민이 모두 이 우물로 식수를 해결하고 빨래도 했습니다.

　온 동네 주민이 물을 사용해 저녁이면 우물은 거의 바닥이 드러나곤 했습니다. 그런데 참 희한하게 다음날 아침이면 우물에 물이 가득 차 있어 주민들은 걱정 없이 계속해서 물을 쓸 수 있었습니다.

　그러던 어느 날 동네 주민들이 회의를 하여 식수를 해결할 우물을 하나 더 파기로 했습니다. 그런데 처음에는 양쪽 우물에서 물이 많이 나오더니 얼마 지나지 않아 두 곳 모두 물줄기가 말라 버렸습니다.

물줄기는 물이 부족하면 오히려 채우려고 하여 물이 풍부해지지만, 반대로 물이 풍부하면 다른 물길을 따라 흘러가 버리기 때문에 원래 풍부했던 우물조차 말라 버린다는 것을 나중에 알게 되었습니다.

우리의 삶도 이와 같습니다. 부족할 때는 그것을 채우기 위해 노력하지만 풍족하게 되면 마음이 느긋해져서 절실함이 없어집니다.

조금 모자란 듯해도
그것이 오히려 풍족한 삶이라는 가르침입니다.

위기는 기회

'처염상정(處染常淨)' 하면 떠오르는 꽃이 있습니다. 더러운 흙탕물 속에서 피어나지만 잎도 꽃도 흙탕물에 물들지 않는 청아한 연꽃입니다.

연밭에서 연을 키울 때 좀 더 풍성한 꽃을 보기 위해서 삽과 곡괭이 등으로 연밭을 갈아엎어 연줄기와 뿌리에 상처를 낸다고 합니다. 그러면 이듬해 놀라울 만큼 풍성해진 연밭을 보게 된다고요.

언뜻 생각하면 이해가 가지 않지만 상처가 나면 본능적으로 번식시키고자 하는 욕망이 커져서 더욱 뿌리를 깊이 박고 줄기를 키워나가기 때문이라고 합니다.

이처럼 자연은 어려움과 위험이 닥쳐오면 긴장하여 더 활발히 움직이고 생존본능이 강인해진다고 합니다. 이러한 이야기에서 우리는 '위기는 기회'라는 교훈을 배우게 됩니다.

이 도량의 주인은 누구입니까

산이 높다고 좋은 산이 아니다.
그 산에 신선이 살아야 명산이다.
물이 깊다고 좋은 호수가 아니다.
그 물에 용이 살아야 신령한 호수다.

『누실명』

비록 비좁고 초라한 곳이라도 그곳에 훌륭한 사람이 살고 있으면 멋진 집이고 집은 번듯한데 사람이 없다면 멋진 집이라 할 수 없습니다.

어제는 거사림 법회 법문을 마치고 늦은 저녁에 사찰로 돌아왔습니다. 봄비 치고는 많은 비가 내려 오랜만에 창문을 열고 차를 달여 차 맛을 음미했습니다. 또닥또닥 빗소리가 차 맛을 더욱 깊게 하였습니다.

이 도량의 주인은 누구입니까? 이 도량이 크고 장엄해도 스님이 없고 신도가 없다면 오히려 작은 암자보다 못할 것입니다. 도량이 있고, 법당이 있고, 법문을 해 주시는 스님이 있고, 법회에 참석해서 법문을 들어 줄 신도가 있기에 이 도량이 청정한 것입니다.

세상을 물들이는 멋진 아침
저절로 향기로운 삶

최고의 아름다움

　제가 살고 있는 이곳은 이틀 연속 봄비가 내려 봄이 무르익어 갑니다. 기온이 따뜻해서인지 목련과 개나리는 이미 피었고 벚꽃도 그 자태를 뽐내려 하고 있습니다. 천지가 부처님의 화엄세계입니다. 꾸미지 않아도 절로 자연은 우리에게 선물을 주고 감동을 안겨 줍니다.

　자연뿐만 아니라 사람도 마찬가지입니다. 제 나름 아름다움을 지니고 있습니다. 남과 비교하여 꾸미려고 하지 마십시오. 꾸미면 자연스러움이 없어지게 됩니다. 자연스러움, 있는 그대로의 모습이 최고의 아름다움입니다.

달달한 봄바람

선방에서 참선을 하다가 잠시 쉬면서 한가로이 뜰을 걷는 일을 '포
행'이라고 합니다. 긴 시간 가부좌를 하고 앉아 참선하게 되면 졸음
이 오고 잡념도 생기기 때문에 틈틈이 몸의 경직을 풀어 주고 신선한
공기를 마시며 휴식을 취하는 귀중한 시간입니다.

산사에서는 주로 사찰의 뒤뜰을 거닐거나 뒷산을 가볍게 걷습니
다. 하지만 선방을 나왔다고 해서 완전히 쉬는 것이 아닙니다. 포행
또한 참선의 일부입니다. 걸으면서 지속적으로 화두 참구를 놓치지
않아야 하기 때문입니다.

날씨가 갑자기 따뜻해지더니 앞다투어 봄꽃들이 피어 천지가 봄
기운으로 가득합니다. 이렇게 좋은 날 스님들의 포행을 따라 집 앞
을 거닐어 보면 어떨까요?

바쁜 걸음 치지 말고 발걸음 하나하나에 생각을 집중하다 보면
어느새 훈훈하고 달달한 바람, 봄꽃과 연초록의 새순들이 우리 곁
으로 다가와 참으로 행복하다는 생각을 하게 될 것입니다.

돈으로도 살 수 없는 좋은 시절입니다. 마음을 열고 흠뻑 봄기운
을 만나십시오.

살
다
보
면

탐욕에서 벗어나려면 자신의 욕망을 직시해야 하고
분노에서 벗어나려면 진리에 눈을 떠야 한다.
그릇된 견해에서 벗어나려면 부지런히 수행해야 하고
세상일에 매달리지 않으려면
지금 이 순간 하고 있는 일에 기쁨을 느껴야 한다.

『아함경』

세상을 물들이는 멋진 아침
저절로 향기로운 삶

살다 보면 평탄한 길만 있는 것이 아님을 실감하게 됩니다. 넘기 힘든 높은 산도 만나고 천 길 낭떠러지가 있는 골짜기도 만납니다. 사람마다 경중의 차이는 있겠지만 인생에서 누구나 만나는 질곡입니다.

그렇다면 그것을 긍정적으로 생각하고 좋은 방향으로 바꿔 나가는 지혜가 필요합니다. 장애를 만날 때마다 좌절한다면 우리의 인생에는 영원히 만족과 행복이 있을 수 없을 것입니다.

지금 자신에게 견디기 힘든 상황이 닥쳤다면 '이 또한 지나간다.'는 생각을 가지고 지혜롭게 이겨내야 할 것입니다.

행복하고 싶다면

자신의 입을 잘 단속하고 자신의 마음을 다잡아라.
몸으로 악한 행동을 저지르지 마라.
세 가지를 잘 지키는 사람은
훌륭한 사람이 걸어온 길을 가게 되리라.

『법구경』

직장이나 외출을 나가 짜증나는 일을 겪고는 집으로 돌아와 가족들에게 트집을 잡아 화를 내는 경우가 있을 것입니다. 사회생활을 하다 보면 마음에 불만이 쌓여 집에서 가족들에게 아무런 이유 없이 화를 냅니다.

하지만 이런 식으로 가족에게 화풀이를 하는 것은 옳지 않습니다. 만일 그러한 행동을 했다면 반성하고 다시는 그런 일이 없어야 할 것입니다.

가족은 사랑과 감사의 마음으로 서로 의지하는 존재입니다. 자신의 스트레스를 풀기 위해 그릇된 행동을 해서 소중한 가족에게 상처를 주거나 그들을 슬픔에 빠지게 해서는 안 될 것입니다.

봄비가 보슬보슬 내린 자리에
햇살을 받으며 꽃들이 피었습니다.
바삭거리는 햇살과 불어오는 바람이 참 좋습니다.

눈부신 봄,
정겨운 사람들의 미소가 있어 더 환한 오늘입니다.

오
로
지
「나」

괴로움은 성현들이 만드는 것이 아니다.
그렇다고 아무런 까닭 없이 생기는 것도 아니다.
괴로움은 늘 바뀌고 변하는 것이니
지혜로운 사람은 괴로움을 끊어 없애야 하느니라.

「대본경」

바쁜 하루를 보내면서도 때때로 자신의 삶을 바라보아야 합니다.
'나는 지금 행복한 삶을 살고 있는가.'

내가 만약 괴롭다면 이 괴로움이 어디서 기인한 것인지 곰곰이 생각하여 그 원인을 찾기 위해 노력해야 합니다. 원인을 찾는다면 해결책 또한 존재하기 마련입니다.

자신이 괴롭다고 해서 주위의 사람들에게 화를 낸다거나 짜증을 부리는 경우가 더러 있는데 그런다고 해서 괴로움이 사라지지 않습니다. 괴로움을 부른 것도 '나'이고 그것을 해결할 수 있는 것도 오로지 '나'입니다.

멈춤 없는 수행

사람들이여, 깨달음의 지혜는
너희들이 본래 가지고 있는 것이다.
다만 마음을 잃어버리고 사는 까닭에
스스로 깨닫지 못하는 것이다.

『육조단경』

세상을 물들이는 멋진 아침
지절로 향기로운 삶

인생을 마라톤에 비유하기도 합니다. 목적지에 도달하기까지 쉼없이 그리고 꾸준히 가야 하기 때문입니다.

100미터 달리기처럼 너무 빨리 달려도 안 되며 게으름을 피우며 쉬어서도 안 됩니다. 적당한 속도와 적당한 힘으로 꾸준히 달려야 목적지에 도착할 수 있습니다. 공부도 마찬가지고 일을 할 때도 마찬가지입니다. 벼락치기 공부는 일회성에 그치기 쉽고 급하게 한 일은 문제가 생기기 마련입니다.

이처럼 수행도 멈춤 없이 지속하는 것이 중요하다는 것을 항상 생각하시기 바랍니다.

내려놓는 연습

우리의 몸은 마른 섶과 같고
성난 마음은 불과 같아서
남을 태우기 전에 먼저 제 몸을 태운다.
한순간의 성난 마음은
능히 마음을 태운다.

『법구경』

대부분의 사람들은 미래에 대한 불안감을 안고 살아갑니다. 하지만 순간순간 최선을 다한다면 미래를 걱정할 필요는 없을 것 같습니다.

　최선을 다해도 인간에게는 그리고 개인에 따라 한계가 존재하기 때문에 그 이후의 일은 어쩔 수 없으니 내려놓아야 합니다.

　그래서 내려놓는 연습이 필요합니다.

　최선을 다하지도 않고 미래에 대한 걱정만 한다면 소중한 삶을 무의미하게 소비하는 일과 같을 것입니다. 하루하루 최선을 다하되 끊임없이 내려놓는 연습을 하는 현명한 불자가 되어야겠습니다.

소중한 사람이 보고 싶은 날

주위에 지천으로 붉고 탐스러운 동백꽃이 떨어진 것을 보며 동백꽃은 떨어져 땅 위에서도 피고, 바라보는 마음에서도 핀다는 말을 실감합니다. 송이째 떨어져 땅 위에 널려 있는 모습이 가슴을 아리게 하는 그런 꽃입니다.

인연 없는 결과가 없습니다. 인연으로 만나 좋아하고, 사랑하고 그리고 헤어지는 것은 세상의 이치입니다. 그래서 지금 곁에 있는 인연이 소중한 것입니다.

오늘, 나의 소중한 사람이 보고 싶은 날입니다.

그대로가 행복

초여름 더위가 숲속의 나뭇가지에 꽃을 피우듯이
눈뜬 사람은 평안에 이르는 방법을 가르치셨다.
이 뛰어난 보배는 눈뜬 사람 안에 있다.
이 진리에 의해서 행복하라.

『숫타니파타』

봄이 무르익어 초여름으로 성큼 다가가고 있음을 한낮의 따가운
햇살에서 느낍니다. 그 햇살 아래 반짝이는 나뭇잎이 잔잔한 바람
에 흔들리는 것을 보면 평화로움이 가슴 가득 밀려옵니다.

잠시 모든 생각을 멈추고 그 흔들림에 오래 머물면 그대로가 행복
입니다. 행복은 멀리 있지 않다는 것을 지나가는 바람에서 문득 깨
닫게 됩니다. 마음의 눈을 뜨면 온 세상이 행복이고 환희입니다.

강물에서 배웁니다

세상을 물들이는 멋진 아침
저절로 향기로운 삶

진리를 베푸는 것이 최고의 베풂이고
진리의 맛이 맛 중의 맛이다.
진리의 즐거움은 즐거움 중 으뜸이고
욕망의 소멸은 모든 괴로움을 이긴다.

『법구경』

강물도 거슬러 올라가면 아주 가는 물줄기에서 시작되었다는 것을 알게 됩니다. 졸졸 흐르는 물이 계속 흐르는 사이에 점차 넓은 길을 따라 흘러가면서 다른 물줄기를 만나 많은 시간이 흐르면 큰 강이 됩니다.

결과에 집착하지 않고 쉬지 않고 노력을 계속하는 것이 중요하다는 가르침을 강물에서 배웁니다.

작은 것에 만족한다면

세상일에 부딪쳐도
마음이 흔들리지 않고
걱정과 티가 없이 편안한 것
이것이 더없는 행복이다.

『숫타니파타』

솔바람 물결 따라 송홧가루 날리는 고요한 하늘입니다. 자연은 우리에게 시시각각 변화를 보이며 무언의 가르침을 전하고 있습니다. 이 송홧가루 다 날리고 나면 이제 더위가 찾아오리라는 것을 예감합니다.

자연의 변화를 보는 것만으로도 우리는 가슴 가득 평온함과 행복함을 느낄 수 있습니다. 그러니 물질적으로 많이 가졌다고 부러워할 일은 아닌 듯합니다.

작은 것에 만족하고 행복을 느낄 수 있다면 세상일에 부딪쳐도 마음이 흔들리지 않고 걱정과 티가 없을 것입니다.

때는 이미 늦지 않았는가

어제는 종일 비가 내렸습니다. 그저 내리는 비를 바라볼 뿐입니다.

며칠간 몸이 좋지 않아 병원을 다녔습니다. 병원을 다니다 보니 이 육신에 감사한 마음이 듭니다. 이 정도의 고통에도 몸이 그렇게 불편했는데 오랫동안 병원에서 병마와 싸우고 있는 환자분들을 보고 나니 삶의 본질과 겸손을 배우게 됩니다.

평소에는 누구나 늙고 병들고 죽는다는 것을 잘 받아들이지 않고 남의 일로 여기며 살아갈 것입니다. 그러다가 막상 큰 병을 앓고 나면 준비 없이 살아온 삶을 후회합니다. 마치 영원히 살 것처럼 방만하게 살아온 삶을 때늦게 반성하는 것입니다.

맑은 향기는 천 리를

저녁 공양을 마치고 도량을 거닐기 참으로 좋은 계절입니다. 낮에는 조금 덥지만 저녁에 홀로 걷는 도량에서 신선한 바람결을 느껴봅니다. 이런 여유로움은 나를 돌아보게 하고 성숙하게 합니다.

가득 찬 것은 소리를 내지 않듯 내면이 성숙한 사람은 말이 적습니다. 부족한 사람일수록 자신을 드러내기 위해 많은 말을 하여 자신을 포장하려고 합니다.

지혜로운 사람은 자신을 드러내지 않아도 맑은 향기가 저절로 천리를 갑니다.

짧은 봄이 아쉽기는 해도 수행하기 참 좋은 계절입니다.

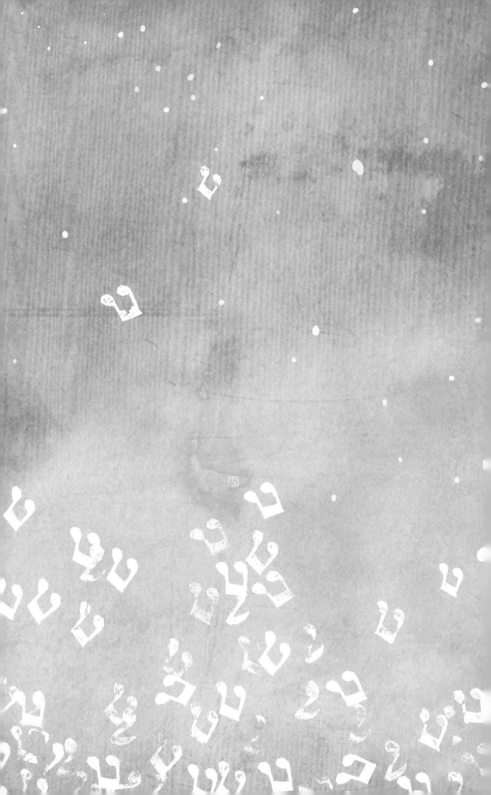

함께하면
더 아름다운 세상

작은 일로부터
세상의 모든 변화는

말은 침착하고 조용히 하되
보지 않은 것을 보았다고 말하지 말며
듣지 않은 것을 들었다고 말하지 마라.
나쁜 것을 보았으면 전하지 말고
나쁜 것을 들었으면 퍼뜨리지 마라.

「사미니계경」

매일 보는 혜원 입구가 어젯밤 내린 비로 초록이 더욱 우거져 오늘 아침에는 마치 극락으로 가는 터널을 만든 것 같습니다. 매일 보는 것이지만 조금만 관심을 기울이면 이렇게 새롭게 다가오는 것들이 많습니다.

　매일 만나는 도반, 이웃 그리고 가족들에게 좋은 말과 행동을 하면 작은 변화가 일어날 것입니다. 여래의 지혜와 자비도 하루아침에 생긴 것이 아닙니다.

　세상의 모든 변화는 작은 일로부터 시작됩니다.

작은 것에 만족하는 삶

생각을 떠난 사람에게는 얽매임이 없다.
지혜에 의해서 해탈한 사람에게는 어리석음이 없다.
그러나 생각과 견해를 고집하는 사람들은
남과 충돌하면서 세상을 방황한다.

『숫타니파타』

언제나 행복한 얼굴로 즐거운 이야기만 하는 사람이 있습니다. 하지만 그 사람의 환경을 가만히 보면 가진 것이 너무 없어 오히려 다른 사람이 걱정이 될 정도입니다.

날마다 근심 가득한 얼굴로 걱정거리만 늘어놓는 사람이 있습니다. 하지만 그 사람의 환경을 보면 가진 것이 너무 많아 오히려 다른 사람의 부러움을 살 정도입니다.

오늘 행복하지 않으면 인생이 불행하다는 아주 쉬운 진리를 아는 사람이 그리 많지 않은 것 같습니다. 행복한 인생을 살고 싶다면 지금 이 순간 가장 행복하다고 생각해 보십시오. 그리고 작은 것에서부터 만족하는 삶이 행복한 삶이라는 것을 알아차리기 바랍니다.

힘차게 시작할 때

마음만 먹으면 세상에 불가능한 일이 없다고 하지만 그 마음 한 번 고쳐먹기가 참으로 어렵습니다.

아침에 일찍 일어나면 하루가 편안하고 여유롭다는 것을 아는데도 1시간, 아니 30분 일찍 일어나는 것조차 힘들다고 이야기합니다. 그래서 많은 사람들의 아침이 분주합니다. 출근 시간, 약속 시간에 늦지 않기 위해 땀이 나게 뛰다 보면 그날은 종일 시간에 쫓기게 되지요.

아침에 첫 단추를 잘 끼우면 하루가 편안합니다. 마음의 고삐를 단단히 고쳐 잡고 계획한 것을 힘차게 시작할 때입니다.

유월의 뜨락에서

갖가지의 꽃들이 피고는 지고, 꽃이 진 자리에 또 다른 꽃이 피기를 반복하면서 유월의 뜨락에는 향기가 오래도록 머물고 있습니다.

누구나 보면 기분 좋아지는 꽃처럼 우리 주위에도 만나면 행복해지는 사람이 있습니다. 스스로를 드러내지 않아도 편안함이 퍼져 나가는 사람은 선한 사람이거나 수행이 깊은 사람이겠지요.

지금 나에게서는 어떤 향기가 날까 생각해 보는 아침입니다.

원망하지 마십시오

남을 원망하는 마음으로는
그 누구에게도 원망을 풀지 못한다.
오직 원망을 떠남으로 원망을 풀 수 있다.
이것은 영원히 변하지 않는 진리이다.

『법구경』

많은 신도님들께서 초하루 법회에 참석했습니다. 모두 저마다 가슴에 원력을 세우고 기도하는 모습이 참으로 아름다웠습니다.

그 가운데 한 보살님의 모습이 선명히 머릿속에 남아 있습니다. 그분은 법회가 끝난 후에도 법당에 남아 간절히 기도를 하고 있었습니다. 무슨 원이 그렇게 많은지 간절히 기도하다가 눈물을 흘리기도 했습니다.

세상을 살아가는 데 있어 풀어야 할 고민과 숙제들이 누구에게나 무거운 짐으로 다가올 것입니다. 그렇지만 누군가를 원망하지 마시기 바랍니다. 모두 자기가 지은 업 때문입니다. 내가 만들어 놓은 업연에 의해 돌아온 것이라고 받아들이면 한결 편안해질 것입니다. 또 그것이 정답입니다.

그 이후의 일은 부처님께 맡기십시오. 때론 부처님께서 늦게 반응하시더라도 참고 기다리시기 바랍니다.

한번을
만나더라도 마음으로부터
서로 신뢰를 쌓아가는
그런 벗우가 곁에 있다는 것은
참으로 행복한 일입니다

조
건
없
이
베
풀
어
야

인색한 마음을 버리고
조건 없는 깨끗한 보시를 행하면
어느 곳에 처하더라도
항상 기쁨이 함께하리라.

『잡아함경』

거리를 다니다 보면 어려운 사람을 만나게 됩니다. 그럴 때 이분들에게 보시를 행해야 할까, 아니면 이런 보시로 인하여 남에게 더 의존하게 하여 자립심을 없애지 않을까 하는 고민을 한 번쯤은 했을 것입니다.

어느 쪽이 옳은지 정답은 없습니다. 하지만 부처님께서는 조건 없이 베푸는 깨끗한 보시를 말씀하셨습니다. 보시를 받은 사람이 그것을 어떻게 쓰는지 생각하는 것은 베푸는 사람의 깨끗한 보시가 아닙니다.

진정한 보시는 베푼다는 생각 없이, 베푸는 행위 그 자체에서 기쁨을 느끼고 행복을 느끼는 일입니다.

마음이 고요하고 평안하면

말을 많이 한다고 해서
슬기로운 사람은 아니다.
원한과 두려움에서 벗어나 고요한
그런 사람이 슬기로운 사람이다.

말을 많이 한다고 해서
도를 실천하는 사람은 아니다.
들은 것이 적더라도 몸소 체험하고 진리에서 벗어나지 않음이
도를 실천하는 사람이다.

『법구경』

오늘은 단오입니다. 단오는 여름의 시작을 알리는 날입니다.

어제는 6월 초순 치고는 조금 더운 날씨였습니다. 우리 조상들은 여름 나기로 단옷날 부채 선물을 많이 했습니다. 지금이야 선풍기나 에어컨으로 여름을 나지만 옛 사람들에게는 부채가 여름을 나는 중요한 도구였습니다.

마음이 고요하고 평안하면 한여름의 무더위도 덜 짜증스러울 것입니다. 마음을 어떻게 다스리는가에 따라 더운 여름을 잘 날 수도 있고 덥게 보낼 수도 있습니다. 물론 여름 날씨가 덥지 않으면 그게 오히려 이상하겠지만 부채 하나로 여름을 나던 옛 조상들의 지혜를 배워 봅니다.

순간의 화를 참아

성냄을 버리라.
자만을 버리라.
그 어떤 속박에서도 초월하라.
이름과 모양에 집착이 없고 가진 것 없으면
그는 고뇌에 쫓기지 않는다.

『법구경』

억울한 일을 당하거나 분노가 일어날 때 끓어오르는 화를 삭이기란 참으로 어렵습니다. 우리 주위에는 순간의 화를 지그시 참는 사람이 있는가 하면 참지 못하고 화에 자신을 맡기는 사람이 있습니다.

　순간의 선택이라고 하지만 평소 꾸준하게 수행하지 않는다면 화를 참기란 쉽지 않습니다. 비록 깊은 수행을 하지 않았다 하더라도 상대방의 입장에서 한 번 더 생각하는 너그러운 마음을 가지고 있다면 순간의 화를 참아 다른 이의 마음을 아프게 하지 않을 것입니다.

　도저히 이해할 수 없는 일을 당하더라도 순간을 참고 상대방의 입장에서 다시 한 번 생각해 주는 너그러움이 참으로 필요한 오늘입니다.

이
순
간
에

집
중
한
다
면

여기 두 길이 있으니
하나는 이익을 추구하는 길이요
다른 하나는 대자유에 이르는 길이다.
부처님의 제자인 수행자들은 이 이치를 깨달아
남의 존경을 기뻐하지 마라.
오직 외로운 길 가기에 전념하라.

『법구경』

부처님의 눈으로 보면 세상 만물은 환희로움에 가득 차 있다고 했습니다. 단지 중생들이 욕심이 많아 깨달음의 눈을 뜨지 못하고 괴로움에 헤매고 있을 따름입니다.

내가 지금 행복하지 않다고 생각한다면 나와 인연 있는 다른 사람들이 더욱 행복하기를 기도해 보십시오. 그러면 오래지 않아 그것이 내가 행복해지는 길임을 알게 될 것입니다. 또한 지나간 어제와 아직 다가오지 않은 내일에 집착하지 않고 지금 이 순간에 집중한다면 훨씬 풍요롭고 행복한 삶이 될 것입니다.

한
치
의

오
차
도

없
이

내 허물을 지적하고 꾸짖어 주는
지혜로운 사람을 만나거든 그를 따르라.
그는 감추어진 보물을 찾아 준
고마운 분이니 그를 따르라.
그런 사람을 따르면 좋은 일이 있을 뿐
나쁜 일은 결코 없으리라.

『법구경』

복은 짓는 대로 받는다는 사실을 현실에서 깨닫는 경우가 종종 있습니다. 그런데도 많은 사람들이, 옳지 못한 행동을 하는 사람이 풍요로운 삶을 누리는 것을 본다거나 자비롭고 너그러운 사람이 힘들게 사는 것을 보고는 인과응보를 믿지 않습니다.

인과의 법칙은 한 치의 오차 없이 그대로 우리들의 삶에 적용됩니다. 단지 그 결과가 현생에만 국한되어 나타나지 않기 때문에 쉽게 믿으러 하지 않을 뿐입니다. 오늘 내가 어떠한 일로 인해 몹시 괴롭다면 그 일의 원인을 제공한 사람이 바로 나라는 것을 생각하면 좀 덜 괴로울 것입니다.

눈에 보이는 것이 전부가 아니라는 것을 항상 생각하는 현명한 불자가 되기 바랍니다.

첫인상

세상을 물들이는 멋진 아침
함께하면 더 아름다운 세상

입을 조심하여 쓸데없는 말을 하지 말고
착한 말, 바른 말, 부드러운 말, 고운 말만 하라.

「숫타니파타」

　사람에게는 첫인상이라는 것이 있습니다.

　처음 만난 사람이라도 좋은 향기가 나서 가까이 가면 좋은 향기
에 물들 것 같아 마음을 열고 싶은 사람이 있습니다. 반면 왠지 모
르게 거리감이 생기고 말을 걸기가 힘든 사람이 있습니다.

　인상에는 한 사람이 살아온 여정이 그대로 나타납니다. 자신의 인
상이 마음에 들지 않는다고 해서 단박에 바꿀 수 없는 것도 이 때문
입니다.

　"당신은 인상이 참 좋으시네요."

　누구나 듣고 싶은 말입니다.

이겨낼 수 있을 만큼만

번뇌를 물리칠 좋은 약을 구하라.
지혜로운 사람은 욕망을 버리고
아무것도 가진 것 없이
마음의 때를 씻어 자신을 맑히라.

『법구경』

아침이슬을 머금은 절 마당의 화초들이 싱그럽습니다.

키를 키우고 잎을 넓히기에 넉넉한 햇살과 간간이 갈증을 풀어 주는 촉촉한 비와 몸을 흔들고 지나가는 가벼운 바람이 있어 더없이 좋은 계절입니다.

그러나 얼마 지나지 않아 한여름의 뙤약볕에서 인내하고 굵은 빗줄기와 태풍과도 맞서야 하겠지요. 하지만 고통은 감내할 수 있을 만큼만 주어진다고 했습니다.

오늘 만약 우리가 행복하다면 가슴 가득 그 행복을 누리십시오.

설령 머지않아 고통이 온다고 해도 두려워할 것은 없습니다.

우리에게 오는 고통을 충분히 이겨낼 수 있는 힘 또한 우리에게 있기 때문입니다.

올바른 길

비록 백년을 살지라도 게으르고 정진하지 않는다면
부지런히 노력하며 사는 그 하루가 훨씬 낫다.

『법구경』

   더 많이 가지기 위해 욕심 부리지 않고, 나의 행복을 위해 남을 불행하게 하지 않고, 나의 편안함을 위해 남의 불편을 모른 체하지 않는다면 우리는 올바른 길로 가고 있다고 말할 수 있습니다.

   남을 먼저 생각하는 것은 스스로를 소중히 여기는 마음이 있을 때 가능합니다. 자신의 삶을 찬찬히 돌아보고 너무 많이 가졌다는 생각이 든다면 이제부터라도 하나 둘 내려놓는 연습을 해야 할 것입니다. 그러다 보면 보다 가볍고 자유롭게 인생을 살아갈 수 있을 것입니다.

한 발 물러서는 지혜

자기를 사랑할 줄 안다면
자신을 잘 지켜야 한다.
지혜로운 사람은 밤의 세 때 중
한 번쯤은 깨어 있어야 한다.

『법구경』

    불어오는 바람에서 여름의 기운이 느껴지는 아침입니다.

    날씨가 더워지면 쉬이 짜증나기 마련이지만 짜증이 난다고 해서 그냥 내질러 버리면 그 화는 고스란히 자신에게 돌아올 것입니다.

    아무리 급한 길을 가더라도 소나기가 내리면 잠시 피해야 하듯 짜증이 난다면 짜증나는 그 자리에서 한 발 물러서는 지혜가 필요합니다.

혜원의 뜨락에 섰습니다.
봄이 무르익어 초여름으로 성큼 다가가고 있음을
한낮의 따가운 햇살에서 느낍니다.
그 햇살 아래 반짝이는 나뭇잎이 잔잔한 바람에 흔들리는 것을 보면
평화로움이 가슴 가득 밀려옵니다.

잠시 모든 생각을 멈추고
그 흔들림에 오래 머물면
그대로가 행복입니다.

마음의 눈을 뜨면
온 세상이 행복이고 환희입니다.

함
께
사
는
세
상

선을 행하면
이 세상에서나 다음 세상에서나 모두 기뻐한다.
기쁜 일로 스스로를 돕고
또한 그 복을 받아 기쁨 가득하네.

『법구경』

우리 주위에는 많은 것을 가졌는데도 불행하다고 매일 하소연하는 분들이 있습니다. 상담을 하다 보면 너무 많이 가졌기에 생기는 병이라고 말해 주고 싶지만 스스로 힘들어 찾아오신 분이라 앞에서 바로 이야기하지 못하고 한참이나 돌아갑니다.

우리들 병의 대부분은 많이 가지고 싶어서 생기는 병입니다. 이것을 탐욕심이라고 합니다. 나의 품에 자꾸 가지려고만 하고 베풀려 하지 않기 때문에 우리 주변에는 입제만 있고 회향이 없는 삶을 사는 분들이 많습니다.

회향을 잘해야 합니다. 회향은 재물만 나누는 것이 아니라 자신이 가지고 있는 재능을 다함께 나누는 것이기도 합니다. 다른 말로는 재능 기부라고도 하죠.
재능도 기부하고 마음도 기부하고…. 그러면 부족한 것들이 채워져 함께 사는 아름다운 세상이 될 것입니다.

자신의
몫

다른 사람이 행했는지 행하지 않았는지
알아보려고 애쓰지 말고
항상 스스로 자신을 돌아보고
올바른지 그른지를 알라.

『법구경』

어느 음식점에서 커다란 액자가 눈길을 끌었습니다. 좋은 글귀인가 싶어 찬찬히 읽어 보니 '나이가 들수록 젊은 세대에게 하지 말아야 할 것'이 나열되어 있었습니다. 씁쓸한 웃음이 났습니다.

동방예의지국이라고 하였는데 이제는 젊은 세대를 이해하고 함께 호흡해야 하는 것이 참된 어른의 모습처럼 변해 버린 것 같습니다.

부처님 법을 공부하는 불자는 항상 자신의 모습을 살펴보아야 할 것입니다. 인생에서 누구나 혼자입니다. 누가 대신 나의 인생을 살아 주지 않습니다. 자신만의 인생길에서 스스로 실천하고 깨닫는 것은 오로지 자신의 몫입니다.

너무 바쁜 것 아닌가요

대지와 같이 너그럽고
문지방처럼 의무를 다하고
흙탕이 없는 호수처럼 맑은
그와 같은 사람에게
윤회는 없다.

『법구경』

주변에는 바쁜 사람들이 참 많습니다. 월요일부터 토요일까지, 그것도 모자라 일요일까지 일정이 빽빽하게 잡혀 있는 사람들도 많습니다. 바빠야 뭔가 일이 되는 것 같고 또 열심히 사는 사람은 당연히 바빠야 한다는 강박관념을 가지고 있는 것처럼 분주합니다.

하지만 바쁘게 사는 생활에 가속도가 붙으면 스스로 속도를 제어하지 못하게 될지도 모릅니다. 그렇게 되면 건강도 해치고 먼 미래의 계획도 제대로 세우지 못하는 어리석음을 범하게 됩니다.

앞만 보고 달리던 속도를 줄이고 주변을 돌아보는 시간을 가져보십시오.

웃음이 머무는 사람

부처님 도(道) 깨닫는 건 어렵지 않아
오직 하나 간택만을 꺼릴 뿐이니
미워하고 사랑하는 마음 없으면
걸림 없이 확 트여서 명백하여라.

『신심명』

거울을 닦을수록 자신의 모습을 잘 볼 수 있듯이 우리 마음도 스스로를 닦는다면 삶이 달라질 뿐만 아니라 주위의 모든 것이 밝고 아름답게 보일 것입니다.

아름답고 당당한 인생은 자신이 만들어 나가는 것입니다. 누가 만들어 주거나 도움을 주는 것이 아닙니다. 어떠한 경우라도 긍정적인 마음 자세를 가지고 얼굴에 웃음이 머무는 사람이 되어야 합니다.

밤새 비가 내렸습니다

원한을 원한으로 갚지 마라.
그리하면 마침내 원한은 그치리라.
참으면 원한은 그치게 되니
이것이 부처님의 법이다.

『출요경』

세상을 물들이는 멋진 아침
함께하면 더 아름다운 세상

밤새 비가 내렸습니다.

토닥토닥 떨어지는 빗방울을 자장가 삼아 기분 좋은 잠에 들었습니다.

빗소리를 들으면 자꾸 어릴 때 생각으로 돌아갑니다. 특별히 떠오르는 일은 없지만 어머니의 따스한 품속에서 아무런 걱정 없이 마냥 즐거웠던….

누구에게나 생각만 해도 기분 좋아지는 기억이 하나쯤 있을 것입니다. 삶에 지치고 힘들 때 꺼내어 보고 마음을 치유하는 약으로 삼아도 좋을 듯합니다.

수행의 방편

마음은 마치 파도치는 물결과 같아서
물결이 출렁일 때는
일렁이고 왜곡되어 제대로 보이지 않는다.
그러나 바람 한 점 없이 고요하고 맑으면
모든 것은 제 모습을 나타낸다.

『화엄경』

스님들은 축구를 매우 좋아해서 수행의 일부로 강원 시절에 축구를 많이 하는 편입니다. 제가 해인사 강원에 있을 때 해인사에서 전국 학인 체육대회가 열렸는데 그 많은 종목 중에서도 축구 경기에서 일등을 해야 전체 우승이라고 할 정도로 축구를 향한 열정은 대단했습니다.

스님들은 산속에서 수행하면서 생사해탈의 화두를 들고 오로지 자신의 내면과 철저한 싸움을 합니다. 이러한 수행 분위기 속에서 가끔씩 하는 축구 경기는 강한 체력을 키울 뿐만 아니라 대중과 화합하는 의미도 있습니다.

이 모든 것이 수행의 한 방편입니다.

환희와 고통

옳고 그름 다 떠났다.
산은 산이고 물은 물, 스스로 한가하다.
누가 극락이 어디냐 묻나.
번뇌 끊어지면 마음자리 오롯한 것을.

『임제어록』

같은 하늘 아래에서 같은 시간을 살고 있는 사람들이지만 어떤 상황에 처해 있는가에 따라 어떤 사람은 평온한 일상을 살아가고 어떤 사람은 지옥 같은 상황과 싸우고 있을 것이라는 생각이 문득 듭니다.

놀이공원에 가면 즐거운 사람들만 있지만 병원에는 병마의 고통과 싸우며 힘든 시간을 버텨 내고 있는 사람들이 참으로 많습니다.

이렇듯 인생에는 환희와 고통이 함께 존재합니다. 오늘 내가 행복했으면 내일은 불행을 경험할 수밖에 없는 것이 삶의 근본적인 고통인 것입니다.

이 순간, 모두가 고통 없이 행복하기를 축원합니다.

침묵이 아름다울 때

추한 말을 멀리 여의어라.
추한 말은 자기도 해롭고 남에게도 해를 입히므로
양쪽이 다 해롭다.
그러나 착한 말을 닦아 익히면 자기도 이롭고 남도 이로워서
양쪽이 다 이롭다.

『무량수경』

사람들은 상대방의 말을 듣기보다 자기의 말 하기를 더 좋아합니다. 그렇게 말을 하다 보면 꼭 필요한 말보다는 하지 말아야 할 말을 더 많이 하게 됩니다. 또한 오가는 말 속에 상대방을 미워하는 말이 담기거나 모함하는 말을 하게 되어 주고받는 말에 관용이 없어지기 마련입니다.

거친 말이나 남을 해롭게 하는 말은 고스란히 자기에게 돌아옵니다. 거친 말을 거친 말로 되받아치는 것 또한 어리석은 일입니다. 만약 누군가 나에게 좋지 않은 이야기를 하더라도 관용으로 받아들이시기 바랍니다.

말에는 그 사람의 인격이 드러나게 되어 있습니다. 어리석은 말보다는 침묵이 아름다울 때가 더 많습니다.

의
미
있
는
경
전

한집에 살면서 즐거울 때 같이 즐거워하고
괴로울 때 같이 괴로워하며
일할 때 뜻을 모아 같이 하는 것을
가족이라 한다.

『잡아함경』

도량 전체가 지장경 염불 소리로 우렁찹니다. 지장경은 저에게 의미 있는 소중한 경전입니다.

출가한 후 오랜 시간이 흘러 속가의 아버님이 돌아가셨다는 연락을 받았습니다. 그래서 돌아가신 아버님을 위해 49일 동안 기도하자고 마음먹고 해인사 지장전에서 매일 지장경을 독송하며 기도를 했습니다.

그러던 어느 날 속가의 어머님이 찾아왔습니다. 출가 후 처음 어머니를 만난 날이었습니다. 이런저런 이야기로 시간을 보내고 돌아가시는 어머니께 지장경을 한 권 드리면서 매일 제가 읽고 있는 경전이니 읽고 안 읽고는 어머니 뜻이라고 말씀드렸습니다.

그 뒤로 오랜 시간이 지나고 어머니를 뵈었을 때 어머니께서는 모든 것을 받아들이시고 집에 오랫동안 걸려 있던 다른 종교의 모습과 향기를 지우셨습니다.

경전을 지극정성으로 독송하면 주위의 모든 신장들이 감동하여 하고자 하는 일을 원만히 성취할 수 있습니다. 또한 큰 소리로 경전을 독송하면 우리 안에 내재된 울분과 감정을 토해 낼 수 있어 참으로 좋습니다.

물 흐르듯 구름 가듯

인연 따라 생긴 것은 바뀌고 변하게 마련이다.
그리고 막을 수도 없다.
한 번 모인 것은 반드시 헤어지기 마련이니
이 몸 또한 내 소유가 아님을 알라.

『열반경』

밖에는 비가 내리고 있습니다. 장마인 것 같습니다. 여름이 시작되는 이 시기에 장맛비가 내리는 것은 자연의 순리겠지요.

부처님의 마지막 말씀은 '제행무상(諸行無常)'입니다.
이 세상의 모든 것은 언제까지나 그대로 있지 않습니다.
우리가 겪는 모든 것이 시간의 흐름과 함께 변합니다.
지금 곁에 있는 가족과 도반, 모든 것과 헤어지기 마련입니다.
그러니 내 것이라는 집착에 너무 매이지 마시기 바랍니다.
이 세상에 내 것이란 없습니다.

참다운 인생이란 가진 것만큼 만족하고, 물 흐르듯 구름 가듯 여여하게 살아가는 것입니다.

앉은자리를 살피는 사람

추위와 더위 가리지 않고
아침저녁으로 부지런히 일하면
어느 일이고 안 될 것 없어
마침내 근심 걱정이 없게 되리라.

『장아함경』

성공한 분들의 공통점을 살펴보면 모두 참으로 부지런하게 세상을 살아가는 것을 알 수 있습니다. 작은 일에도 최선을 다하고, 인연을 쉽게 생각하지 않으며, 많은 일일지라도 항상 차분하게 대처합니다.

세상에는 수많은 선지식이 있습니다. 자신의 분야에서 최선을 다하는 전문인들 또한 선지식입니다. 그러므로 그분들에게서 어떤 일에 대치하는 방법을 배울 수 있어야 하겠습니다.

우리들은 조금만 더워도 덥다고 짜증내고 조금만 추우면 또 춥다고 짜증냅니다. 또한 자기만의 방식대로 행동하다가 주위에 피해를 주게도 됩니다.

자신의 앉은자리를 살피는 사람이 되었으면 합니다.

잘 들어 주기

태어난 것은 반드시 죽게 되고
말을 삼가고 마음을 억제하고
몸으로 악한 일을 하지 말아야 한다.
이 세 가지 덕행으로 깨끗이 하라.
그러면 옛 성인이 말씀한 그 길에 이르리라.

『법구경』

오랜만에 만난 친구와 이야기를 나누면서 자신의 목소리가 커지고 있음을 느낀다면 잠깐 대화를 멈추고 상대방의 말을 듣는 시간을 가져야 합니다. 그 시점을 깨닫지 못하고 대화에 빠져든다면 점점 목소리가 커질 뿐만 아니라 서로의 마음을 상하게 되는 결과를 맞게 될 것입니다.

대화할 때 목소리가 커진다는 것은 상대방과 의견이 맞지 않거나 기분이 상해 있다는 감정의 표현입니다. 상대방의 말이 자신의 마음에 맞지 않거나 의견이 다르다고 해서 대립한다면 서로 상처를 만들 뿐입니다.

남의 말을 잘 들어 주는 것 또한 자비의 실천이라는 것을 항상 생각하시기 바랍니다.

청춘들이여

마치 횃불을 들고 캄캄한 방에 들어가면
어두움은 곧 없어지고 밝음이 나타나는 것과 같이
도를 닦아 진리를 보면 무명은 곧 없어지고
지혜의 밝음만 영원히 남는다.

『사십이장경』

쌍계사로 가는 길입니다. 쌍계사를 가는 길에는 늘 아름다운 자연이 반겨 줍니다. 특히 섬진강의 강줄기는 언제나 걸림 없이 편안하게 흘러갑니다. 강물의 흐름을 살피다 젊은이들의 모습이 떠올랐습니다.

젊다는 것은 무한한 가능성이 존재하므로 세상의 모든 것을 다 가질 수 있는 때라고 말합니다. 하지만 젊은이들은 그 나름대로 고민이 많을 것입니다. 오죽하면 『아프니까, 청춘이다』라는 책이 베스트 셀러가 되었겠습니까.

푸름을 간직한 청춘들이여! 힘내시기 바랍니다.

아름다운 섬진강의 발원지를 따라 거슬러 올라가면 전북 진안의 데미샘이라는 아주 작은 옹달샘을 만나게 됩니다. 낙동강의 발원지 또한 강원도 태백의 작은 연못 황지라고 합니다.

작은 물줄기가 강물이 되고 바다가 되듯이 조그만 일부터 차근차근 하다 보면 어느 순간 스스로 성장해 가고 있음을 느끼게 될 것입니다.

어느 시대건 어렵고 힘든 일이 없었던 적은 없습니다. 그러니 자신을 항상 살피고, 오늘 누군가가 나를 위해 기도해 주고 있다는 사실을 잊지 마시기 바랍니다.

건강하고 맑은 생활

도를 행하고 진실을 지키는 자가
가장 큰 선을 행하는 자요
뜻이 도와 합치되는 것이
가장 위대한 것이다.

『사십이장경』

날씨가 덥고 습하다 보니 밤잠을 설치다가 아침을 맞이하는 날이 많은 여름입니다.

우리 어릴 적에는 해가 지면 저녁을 먹고 마당에 모깃불 피워 놓고 밤하늘의 별과 함께 잠자리에 들었다가 떠오르는 햇살에 눈을 뜨는 것이 일상이었습니다. 자연의 흐름에 따라 사람의 몸이 움직였고 쉬이 적응도 했습니다.

그런데 현재의 도시 생활에서는 각종 전자제품과 조명과 스마트폰이 우리의 잠자리를 방해하고 있습니다.

밤에는 깊은 잠에 들어야 정신이 맑고 몸의 에너지도 충만할 것입니다. 산속의 사찰은 밤 9시면 대중이 모두 잠자리에 들고 새벽 3시면 일어나 새벽예불을 올리는데 불편함 없이 맑은 정신으로 수행합니다.

오늘부터는 잠들기 전에 침실 머리맡에 있는 불빛들을 끄고 스마트폰을 잠자리에서 보는 습관을 고쳐 보시기 바랍니다. 깊은 잠을 자야 건강하고 맑은 생활을 할 수 있습니다.

함
께

흘
러
갑
니
다

인생을 살아가는 데 있어 좋은 추억을 남긴 분들은 꼭 있기 마련
입니다. 인생의 방향을 제시한 분, 그리움으로 오랫동안 기억하고
싶은 분 등 다양하게 존재하는 것 같습니다.

그중 오랫동안 제 기억 속에 자리하고 있는 보살님이 있습니다.

주지 소임을 맡고 얼마 되지 않아 많은 갈등과 고민으로 지쳐 가
던 어느 날이었습니다. 한 노보살님이 젊은 보살과 함께 친견실로
찾아와서 "스님, 지금까지 저는 큰스님을 스승 삼아 많은 공부를
했습니다. 이제 저는 물러가려 합니다. 대신 제 며느리에게 스님의
가르침을 부탁드립니다. 제 며느리는 시집오기 전에는 타 종교를

믿어 부처님의 가르침을 잘 모릅니다." 하고는 "이것은 며느리를 부탁하는 마음이니 불사에 사용하십시오."라며 꽤 많은 돈을 보시했습니다.

그 후 노보살님은 거짓말처럼 혜원에 발걸음을 하지 않았습니다. 20여 년의 세월이 흐른 지금, 그때의 젊은 며느리는 지금까지 혜원의 궂은일을 마다하지 않고 부처님 정법대로 보살의 삶을 살아가고 있습니다.

이제는 젊은 보살이 아닌 그분께 "절에 오는 것이 좋습니까?"라고 물으면 "종갓집 며느리로 문 밖 출입에 제약이 있었는데 절에 간다면 시어머니께서는 항상 허락을 해 주셨습니다. 절에 오는 것이 저는 정말 좋습니다."라며 미소 띤 얼굴로 대답을 합니다.

생각하면 가슴 흐뭇한 이야기들 속에 저의 혜원 20년 단상도 함께 흘러가고 있습니다.

인생
멋지게

모든 존재는 꿈과 같고 환상과 같고
물거품과 같고 그림자와 같으며
또한 이슬과 같고 번갯불과 같으니
마땅히 이와 같이 볼 줄 알아야 한다.

『금강경』

젊은이는 인생을 무척 긴 것으로 생각하고, 나이 든 분들은 뒤돌아봤을 때 살아온 젊은 날이 얼마나 짧았던가를 깨닫게 됩니다. 세월은 우리를 기다려 주지 않습니다. 어느 순간에는 우리의 몸을 벗게 되는 것이 세상의 진리입니다.

선사들은 보름달을 바라보며 '저 하늘에 뜬 달을 몇 번이나 더 볼 수 있을까?' 하면서 자신의 마음공부를 점검하고 세월의 무상함을 깨달았습니다. 어느 시인은 한 세상 살아가는 것을 소풍 온 것이라고도 표현하였습니다.

현재 내가 하는 일에 최선을 다하고 보람 있는 삶을 살 때 인생 멋지게 살아가는 것입니다.

밭에
씨앗을
심듯

만일 그대가 지혜롭고 성실하고 예의바르고
현명한 동반자를 얻었다면
어떠한 난관도 극복하리니
기쁜 마음으로 생각을 가다듬고 그와 함께 가라.
그러나 만일 그대가 지혜롭고 성실하고 예의바르고
현명한 동반자를 얻지 못했다면
마치 왕이 정복했던 나라를 버리고 가듯
무소의 뿔처럼 혼자서 가라.

『숫타니파타』

밴드 〈원허 스님의 아름다운 세상 만들기〉를 통해 불자님들과 소통한 지 제법 긴 시간이 흘렀습니다. 늦은 밤, 다음 날 올릴 글을 정리하고 아침예불 후 한 번 더 검토해서 밴드 가족에게 소식을 전하고 있습니다. 그 과정에서 저 자신도 많은 공부를 하게 되는 것 같습니다. 예전에 보았던 부처님 말씀이 담긴 경전을 한 번 더 살피게 되고, 밑줄 치면서 읽었던 글들을 다시 찾아보게 됩니다. 또 어떤 때는 글이 잘 써지지 않아 고민하기도 합니다.

댓글을 보고 저는 많은 감동을 받고 고마움을 느낍니다. 한 분 한 분의 깊은 신심이 담긴 글을 통해 어떤 때는 눈시울이 붉어지고, 때로는 서로 소통하는 모습을 보면서 감사하다는 생각을 합니다.

〈원허 스님의 아름다운 세상 만들기〉는 소통의 공간입니다. 글이 밭이라면 댓글은 씨앗입니다. 그 밭에 좋은 씨앗을 심는 것이 좋은 댓글이라고 생각합니다.

무비 큰스님께서는 "남을 축복하는 일은 내가 복을 짓는 일이며 업장을 소멸하는 일"이라고 하셨습니다. 보여지는 것보다 더 중요한 것은 댓글을 다는 마음이며 그 고운 마음이 상대에게 좋은 느낌으로 전달되는 것입니다.

[참고도서]

『일기일회』 _법정, 문학의숲, 2009

『한 사람은 모두를, 모두는 한 사람을』 _법정, 문학의숲, 2009

『부처님 말씀』 _성열, 법등, 1992

세상을 물들이는
멋진 아침

| 초판 1쇄 발행 _ 2014년 10월 24일
| 초판 2쇄 발행 _ 2014년 11월 3일

| 지은이 _ 원 허
| 일러스트 · 캘리 _ 이문(Yimoon)
| 펴낸이 _ 오세룡
| 주간 _ 이상근
| 기획 · 편집 _ 박성화 손미숙 박혜진 최은영
| 디자인 _ 고혜정 최지혜 윤지영
| 홍보 마케팅 _ 문성빈
| 펴낸곳 _ 담앤북스
            서울특별시 종로구 사직로8길 34 (내수동) 경희궁의 아침 3단지 926호
            대표전화 02)765-1251 전송 02)764-1251 전자우편 damnbooks@hanmail.net
            출판등록 제300-2011-115호
| ISBN   978-89-98946-35-7 03220

이 도서의 국립중앙도서관 출판시도서목록(CIP)은 서지정보유통지원시스템 홈페이지(http://seoji.nl.go.kr)와 국가자료
공동목록시스템(http://www.nl.go.kr/kolisnet)에서 이용하실 수 있습니다.(CIP제어번호: CIP2014028625)

정가 14,000원